# 100일 신문 100점 독해

**국내편**

## 문해력 키우고 어휘력 높이는 초등 신문 읽기

글 뉴스쿨 · 그림 불키드

# 차례

| | | | | |
|---|---|---|---|---|
| **Day1**_08 문화 | **Day2**_10 문화 | **Day3**_12 그래픽 뉴스 | **Day4**_14 환경 | **Day5**_16 사회 |
| 108년 만에 되찾은 경복궁 선원전 편액 | 백제 불상이 일본에 있는 이유? | 해외로 반출된 문화유산 어느 나라에 가장 많을까? | 생일상에서 미역국이 사라진다? | 매일 아침 오픈 런이 벌어지는 이곳은? |
| **Day6**_18 그래픽 뉴스 | **Day7**_20 정치 | **Day8**_22 만평 | | **Day9**_24 사회 |
| 의대생들은 어떤 전공을 선호할까? | 하늘에서 쓰레기가 비처럼 내린다면? | 냉탕과 온탕을 오가는 남북 관계 | | 수업 중 휴대 전화 사용이 불법? |
| **Day10**_26 찬반 토론 | **Day11**_28 사회 | **Day12**_30 찬반 토론 | | |
| 학교에서 학생들이 휴대 전화를 사용하지 못하게 해도 될까? | 서커스 공연하던 최고령 코끼리, '사쿠라' 잠들다 | 동물 체험 프로그램을 운영하는 동물 카페를 이용해도 될까? | | |
| **Day13**_32 사회 | **Day14**_34 만평 | **Day15**_36 경제 | **Day16**_38 찬반 토론 | **Day17**_40 정치 |
| 제로 슈거 열풍이 부는 이유는? | 분명히 0칼로리라고 했는데……. | 달콤한 탕후루의 쓸쓸한 퇴장 | 대형 마트 의무 휴업일을 주말로 정하는 게 좋을까? | 바오 패밀리에겐 특별한 임무가 있다 |
| **Day18**_42 환경 | **Day19**_44 과학 | | **Day20**_46 그래픽 뉴스 | **Day21**_48 환경 |
| 남방큰돌고래가 인간에게 소송을 건다면? | 우리 뇌를 '팝콘'으로 만든 숏폼 | | 스마트폰에 빠진 10대들 | 새들의 목숨을 앗아 가는 유리 빌딩의 비밀 |
| **Day22**_50 사회 | **Day23**_52 | | **Day24**_54 사회 | **Day25**_56 경제 |
| 심각한 범죄로 이어지는 층간 소음 갈등 | 층간 소음을 잊게 한 따뜻한 편지 | | 별이야, 딩동댕 유치원에 온 걸 환영해 | '눈 뜨고 코 베이는' 아이스크림 가격의 비밀 |

| Day | 페이지 | 분류 | 제목 |
|---|---|---|---|
| Day 26 | _58 | 사회 | 법을 비웃는 아이들이 있다? |
| Day 27 | _60 | 찬반토론 | 촉법소년 처벌 강화해야 할까? |
| Day 28 | _62 | 역사 | 가야 무덤, 세계 문화유산이 되다 |
| Day 29 | _64 | 만평 | 왜 사국 시대가 아니고 삼국 시대일까? |
| Day 30 | _66 | 사회 | 건강하게 자라렴, 복덩이 다섯 쌍둥이 |
| Day 31 | _68 | 과학 | 우주에 등장한 돛단배 |
| Day 32 | _70 | 정치 | 북한에서 '삼천 리'와 '금수강산'이 사라졌다? |
| Day 33 | _72 | 그래픽 뉴스 | 우리나라 학생들은 통일을 원할까? |
| Day 34 | _74 | 사회 | 나 홀로 뚜벅뚜벅 남극을 횡단한 대장님 |
| Day 35 | _76 | 환경 | 서천 염전, 다시 갯벌이 되다 |
| Day 36 | _78 | 환경 | 매년 26만 톤씩 이산화 탄소 삼키는 갯벌 |
| Day 37 | _80 | 그래픽 뉴스 | 최고의 기후 악당은 누구일까? |
| Day 38 | _82 | 경제 | 노인 무임승차 때문에 지하철이 적자라고? |
| Day 39 | _84 | 만평 | 노인은 스포츠 클럽 출입 금지? |
| Day 40 | _86 | 역사 | 일제 강점기에 우리 민족의 국적은? |
| Day 41 | _88 | 만평 | 세계 인쇄술의 역사를 바꾼 직지심체요절 |
| Day 42 | _90 | 사회 | 무적 파워 울타리, 스쿨 존을 지켜 줘! |
| Day 43 | _92 | 찬반토론 | 스쿨 존 사고 가해자 처벌을 강화해야 할까? |
| Day 44 | _94 | 사회 | 북촌 한옥 마을은 오후 5시부터 출입 금지! |
| Day 45 | _96 | 환경 | 구름 씨, 비를 부탁해! |
| Day 46 | _98 | 문화 | 궁궐에서 퓨전 한복을 입지 말라고? |
| Day 47 | _100 | 환경 | 그 많던 오징어는 어디로 갔을까? |
| Day 48 | _102 | 그래픽 뉴스 | 바뀌는 대한민국 특산물 지도 |
| Day 49 | _104 | 환경 | 더 혹독해진 황사의 습격 |
| Day 50 | _106 | 사회 | 학교 폭력을 저지르면 선생님이 될 수 없다고? |

| Day 51_108 찬반토론 | Day 52_110 사회 | Day 53_112 정치 | Day 54_114 사회 | Day 55_116 만평 |
|---|---|---|---|---|
| 대학 입시에 학교 폭력 가해 사실을 반영해야 할까? | 케이팝 아이돌 '독도는 우리 땅' 부르지 마! | 일본에도 '독도의 날'이 있다? | 방금 내가 먹은 치즈도 가짜? | 내돈내산, 믿어도 될까? |

| Day 56_118 문화 | Day 57_120 문화 | Day 58_122 문화 | Day 59_124 그래픽 뉴스 |
|---|---|---|---|
| 제주어로 들려주는 특별한 뉴스 | '먹방'이 국어 사전에 오르지 못한 이유 | 달콤짭짤 짜파게티, 세계를 사로잡다 | 해외에서 잘 팔리는 우리 식품은? |

| Day 60_126 경제 | Day 61_128 찬반토론 | Day 62_130 과학 | Day 63_132 정치 |
|---|---|---|---|
| '공기 반, 과자 반' 이제 그만! | 슈링크플레이션 기업을 단속하고 처벌해야 할까? | 배달 로봇이 우리 집 초인종을 눌렀다 | 한밤중 대한민국에 계엄령이? |

| Day 64_134 사회 | Day 65_136 | Day 66_138 문화 | Day 67_140 환경 |
|---|---|---|---|
| 청각 장애가 있는 사람들이 비상계엄 당시 떨었던 이유 | 우리나라 최초로 노벨 문학상 수상자가 탄생하다 | 정명훈, 라 스칼라 극장의 음악 감독이 되다 | 꿀벌이 사라지면 생기는 일 |

| Day 68_142 사회 | Day 69_144 찬반토론 | Day 70_146 과학 | Day 71_148 역사 |
|---|---|---|---|
| 묻지 마 범죄에 고개 드는 사형제 부활론 | 흉악범은 사형에 처해야 할까? | 사시사철 푸르른 소나무, 애물단지가 된 이유 | 안중근 의사의 글씨, 113년 만에 고국으로 |

| Day 72_150 사회 | Day 73_152 그래픽뉴스 | Day 74_154 경제 | Day 75_156 사회 |
|---|---|---|---|
| 도미노가 쓰러지듯 도시가 사라진다 | 학교에 신입생이 사라졌다 | 나라 살림에 구멍이 났다? | 사이버 도박 운영자, 잡고 보니 10대? |

| | | | | |
|---|---|---|---|---|
| **Day76**_158 역사<br>가짜 뉴스로 벌어진 비극, 간토 대학살 | **Day77**_160 환경<br>태평양 한가운데 거대한 섬의 비밀 | **Day78**_162 만평<br>종이컵은 일회용품이 아니라고? | | **Day79**_164 과학<br>한반도는 더 이상 지진 안전지대가 아니라고? |
| **Day80**_166 경제<br>우리나라는 지금 무인점포 전성시대 | **Day81**_168 만평<br>보는 눈이 없다고? | **Day82**_170<br>점점 우울해지는 어린이들 | 사회 | **Day83**_172 그래픽뉴스<br>우리가 꿈꾸는 하루, 우리가 사는 하루 |
| **Day84**_174 사회<br>테일러 스위프트도 피해자? 골칫덩이가 된 딥페이크 | **Day85**_176 만평<br>장난으로 딥페이크 성범죄를? | **Day86**_178 환경<br>케이팝 앨범에 CD가 없다고? | **Day87**_180 만평<br>오늘도 '꿀꺽' 미세 플라스틱 한 스푼 | **Day88**_182 역사<br>마지막 길을 떠난 길원옥 할머니 |
| **Day89**_184 만평<br>사과했다는 일본, 사과받은 적 없다는 피해자들 | **Day90**_186 역사<br>일제 강제 노역의 현장, 세계 유산이 되다 | **Day91**_188 만평<br>음료수만 마셔도 코로나19를 예방할 수 있다고? | **Day92**_190 문화<br>교과서에 실린 우리 할매 시 | **Day93**_192 환경<br>설악산 산양이 싫어하는 케이블카 |
| | **Day94**_194 경제<br>바다 밑 희토류 찾으러 탐해 3호가 나섰다 | **Day95**_196 문화<br>국민 스포츠 프로 야구, 3시간의 벽을 깼다 | | **Day96**_198 과학<br>전기 먹는 하마 챗GPT |
| **Day97**_200 만평<br>챗GPT는 써야 하지만……. | **Day98**_202 경제<br>제발 옷을 사지 말라는 의류 회사가 있다고? | **Day99**_204 만평<br>매년 늘어나는 옷 쓰레기 | | **Day100**_206 사회<br>알파 세대에 이어 베타 세대가 등장했다 |

Day 1. 문화

# 108년 만에 되찾은 경복궁 선원전 편액

◆ 키워드 : 편액, 문화유산, 환수

2024년, 일제 강점기 때 사라진 경복궁 선원전의 **편액**이 다국적 게임 회사인 라이엇 게임즈의 도움으로 108년 만에 우리나라로 돌아왔습니다.

편액은 글씨나 그림이 담긴 액자로, 보통 문 위에 걸어 건물의 용도를 알립니다. 이 편액은 원래 조선 시대 왕의 어진을 보관하던 선원전에 걸려 있었지만 1910년대에 사라졌습니다. 그동안 행방이 묘연했던 선원전 편액이 2023년 11월에 일본의 한 경매 사이트에 등장하면서 세상에 다시 모습을 드러냈습니다. 해외에 반출된 우리 **문화유산**을 찾는 활동을 하는 국외소재문화유산재단은 즉시 경매 중지를 요청했습니다. 편액이 경매로 팔리면 소중한 문화유산을 되찾을 기회를 영영 놓칠 수 있기 때문입니다. 하지만 재단에는 편액을 **환수**할 돈이 부족했습니다. 이 소식을 들은 라이엇 게임즈는 기꺼이 편액의 환수를 돕겠다고 나섰습니다. 라이엇 게임즈는 2011년 한국에 '리그 오브 레전드' 게임을 출시한 이래로 수익금 일부를 한국의 문화유산 보호에 기부해 왔습니다. 이런 지원 덕분에 경복궁 선원전 편액도 무사히 우리나라에 돌아올 수 있었습니다.

**핵심 주제** 파악하기

"일제 강점기에 사라진 경복궁 선원전의 '편액'이 다국적 게임 회사인 라이엇 게임즈의 도움으로 108년 만에 우리나라로 돌아왔다."

**배경 지식** 넓히기

### 왜 다국적 기업이 우리 문화유산을 지키는 데 앞장설까요?

여러 나라에서 활동하는 다국적 기업은 그 나라 사람들에게 좋은 인상을 주려고 노력해요. 다국적 게임 회사인 라이엇 게임즈도 마찬가지예요. 이 회사가 만든 '리그 오브 레전드' 게임은 우리나라에서 인기가 아주 많아요. 그만큼 우리나라를 중요한 시장이라고 생각해요. 그래서 우리의 소중한 문화유산을 되찾는 일을 도와주는 거예요.

**어휘력** 높이기

✦ **어진**
임금의 얼굴 그림이나 사진.

✦ **환수**
빼앗기거나 잃어버린 것을 도로 거두어들임.

✦ **출시**
상품이 시중에 나옴.

✦ **묘연하다**
소식이나 행방 따위를 알 길이 없다.

## 백제 불상이 일본에 있는 이유?

✦ 키워드 : 해외 반출 문화유산, 약탈

1907년에 충청남도 부여군에 있는 한 절터에서 2점의 '금동 관음보살 입상'이 발견됐습니다. '백제의 미소'를 띤 이 불상들은 최고의 걸작으로 평가받을 정도로 아름답습니다. 그중 1점은 국보 293호로 지정돼 현재 국립부여박물관에 소장돼 있습니다. 하지만 나머지 1점은 일제 강점기 때 일본으로 반출돼 2024년에 호암미술관에서 한 번 전시됐을 뿐 지금까지 돌아오지 못했습니다. 국가유산청에 따르면 해외 미술관이나 박물관에 반출된 **해외 반출 문화유산**은 2025년 기준 총 24만 7718점에 달합니다. 1900년대 초, 우리나라에 머물던 외국인들은 우리 문화유산을 훔치거나 구매해 자신의 나라로 가져갔습니다. 백제 관음보살 입상뿐 아니라 세계 인쇄술의 역사를 뒤바꾼 '직지심체요절', 조선 시대 화가 안견의 '몽유도원도' 등도 이때 해외로 반출됐습니다. 특히 일제 강점기에는 우리나라가 혼란한 틈에 일본인들이 우리의 문화유산을 마구 차지했습니다. 이로 인해 **우리나라 전체 해외 반출 문화유산의 약 45퍼센트(%)인 10만 8705점이 일본에 있습니다.**

**약탈**이나 도둑질로 우리 문화유산이 해외로 반출된 경우에는 정당한 절차를 밟아 돌려받을 수 있지만 약탈 문화유산이라는 것을 증명하기가 쉽지 않습니다. 게다가 소장자가 돈을 주고 구매했다면 되찾기는 더욱 어렵습니다. 대부분의 해외 반출 문화유산을 우리나라로 가져오려면 돈을 주고 사거나 빌려 오는 수밖에 없습니다.

일본에 반출된 '금동 관음보살 입상' 역시 국가유산청이 42억 원에 사려고 했지만 소장자가 이보다 비싼 금액을 제시해 협상이 불발됐습니다.

### 핵심 주제 파악하기

"해외 박물관이나 미술관에 반출된 해외 반출 문화유산 중 약 45퍼센트가 일본에 있다."

### 배경 지식 넓히기

**왜 해외 반출 문화유산을 돌려받기 어려울까요?**

일제 강점기에 일본은 우리나라를 지배하면서 수많은 문화유산을 빼앗아 갔어요. 일본으로 반출된 문화유산은 경매 등을 통해 개인, 기업, 기관 등이 소장하게 된 경우가 대부분이에요. 강제로 빼앗긴 문화유산이라도 소장자가 정당한 절차를 거쳐 구매했다고 주장하면 사실상 돌려받기 어려워요.

### 어휘력 높이기

✦ **약탈**
폭력으로 남의 재물 등을 억지로 빼앗음.

✦ **소장자**
어떤 물건이나 자료를 개인적으로 갖고 있는 사람.

✦ **증명**
어떤 사항이나 판단 따위에 대해 그것이 진실인지 아닌지 증거를 들어서 밝힘.

✦ **불발되다**
계획했던 일을 못하게 되다.

# 해외로 반출된 문화유산 어느 나라에 가장 많을까?

✦ 키워드 : 국외 소재 문화유산, 반출

**국외 소재 문화유산 현황**(단위 : %)

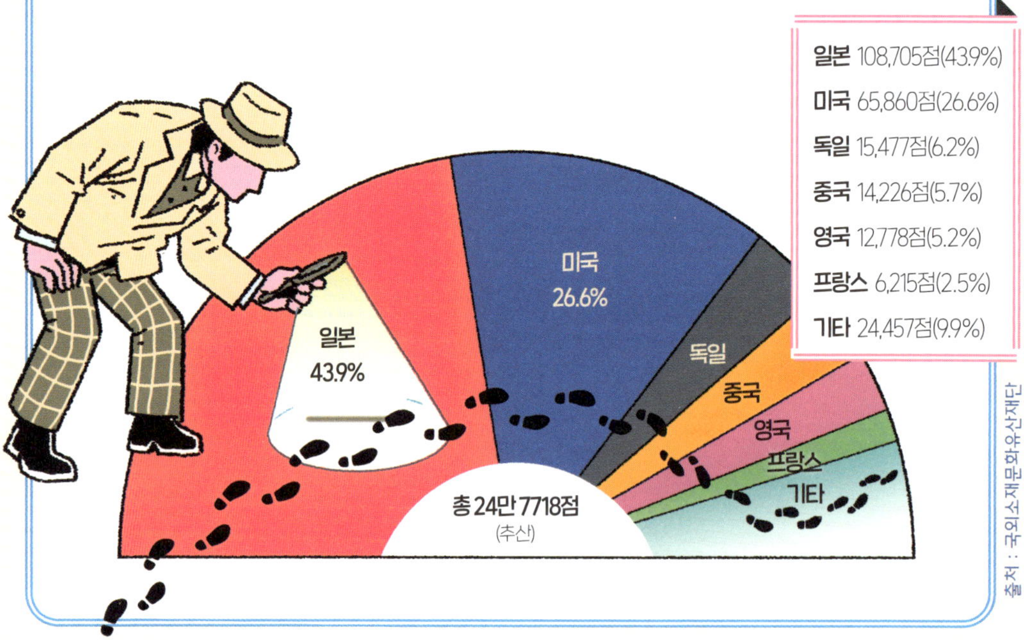
일본 108,705점(43.9%)
미국 65,860점(26.6%)
독일 15,477점(6.2%)
중국 14,226점(5.7%)
영국 12,778점(5.2%)
프랑스 6,215점(2.5%)
기타 24,457점(9.9%)
일본 43.9%
미국 26.6%
독일
중국
영국
프랑스
기타
총 24만 7718점
(추산)
출처 : 국외소재문화유산재단

국외소재문화유산재단의 조사에 따르면, 2025년 기준으로 일본, 미국 등 29개국 801개 박물관과 미술관 등에 우리 문화유산 24만 7718점이 보관돼 있습니다.

대부분의 **국외 소재 문화유산**은 개화기, 일제 강점기, 한국 전쟁 등을 거치며 해외로 빠져나갔습니다. 도난이나 약탈뿐만 아니라 외교를 위한 선물, 외교관이나 선교사의 수집 등으로 **반출**된 문화유산도 있습니다. 우리나라 정부는 그중 부당하게 반출된 국외 소재 문화유산을 되찾기 위해 실태를 조사하고, 환수 사업을 꾸준히 진행하고 있습니다.

### 그래프 해석하기

### 1) 어떤 그래프인가요?

해외에 있는 우리 문화유산이 주로 어느 나라에 있는지 보여 주는 반원 그래프예요. 반원 그래프는 각 항목이 차지하는 비중을 한눈에 알 수 있어요.

### 2) 그래프를 보고 무엇을 알 수 있나요?

해외에 있는 우리 문화유산 중 43.9퍼센트(%)는 일본에 있고, 26.6퍼센트는 미국에 있어요. 국외 소재 문화유산 10개 중 7개는 일본과 미국에 있는 셈이에요.

### 3) 기사에서 말하고자 하는 주제는 무엇인가요?

2025년 기준으로 해외 박물관과 미술관 등에 총 24만 7718점의 우리 문화유산이 있으며, 그중 부당한 방법으로 반출된 문화유산을 되찾기 위해 우리 정부가 노력하고 있어요.

---

### 어휘력 높이기

✦ **개화기**
1876년 강화도 조약 이후부터 서양 문물이 들어오던 시기.

✦ **선교사**
종교를 다른 사람에게 전하기 위해 활동하는 사람.

✦ **한국 전쟁**
1950년 6월 25일, 북한군이 남한을 침공함으로써 일어난 전쟁.

✦ **반출되다**
운반돼 나가다.

Day 4. 환경

# 생일상에서 미역국이 사라진다?

✦ 키워드 : 해조류, 수온, 갯녹음

우리나라 사람들은 생일에 따뜻한 미역국을 먹는 풍습이 있습니다. 미역에 전복, 성게, 소고기 등 다양한 재료를 더한 미역국은 맛과 영양이 풍부합니다. 하지만 앞으로는 생일상에서 미역국을 찾아보기 어려워질지도 모릅니다. 지구 온난화로 제주도를 비롯한 우리나라 연안의 바닷물이 점점 따뜻해지면서 해조류가 사라지고 있기 때문입니다.

특히 미역은 차가운 바다에서 잘 자라는 해조류로, 25도 이상의 수온에 오래 노출되면 점점 녹아서 자취를 감춥니다. 그런데 지난 40년간 제주 앞바다의 온도가 1도 이상 상승하면서, 미역이 자랄 수 있는 환경이 급격히 나빠졌습니다. 바닷속 생물에게 수온 1도의 변화는 인간이 기온 10도의 변화를 겪는 것만큼 큰 영향을 줍니다.

수온 상승으로 인해 제주 앞바다에서 푸르게 자라던 미역, 다시마 같은 해조류가 사라지는 갯녹음 현상이 심각해지고 있습니다. 갯녹음 현상이 일어나면 따뜻한 바다를 선호하는 석회 조류가 번식하면서 바위가 하얗게 변하고, 미역 같은 해조류가 뿌리내리지 못하게 됩니다. 2019년에는 제주 해안 바닷속 암반 중 약 35퍼센트(%), 2021년에는 약 39.5퍼센트에 갯녹음 현상이 나타났습니다.

갯녹음 현상으로 인한 가장 큰 문제는 바다 생태계 붕괴로 이어질 수 있다는 점입니다. 해조류가 사라지면 해조류를 먹는 생물이나 해조류에 알을 낳고 사는 생물이 줄어들 수밖에 없습니다. 그러면 그 생물을 먹고 사는 또 다른 생물의 생존도 위협받아 결국 바다 생태계가 연쇄적으로 붕괴될 위험에 놓입니다.

## 핵심 주제 파악하기

우리나라 바닷물의 온도 상승으로 미역과 같은 해조류가 사라지고 있다.

## 배경 지식 넓히기

### 해조류가 모조리 없어지면 어떻게 돼요?

미역, 다시마 같은 해조류는 바다에서 나무처럼 숲을 만들어요. 육지의 녹색식물처럼 광합성을 하며 이산화 탄소를 흡수하고 산소를 배출하지요. 해조류가 모여 있는 바다 숲은 수많은 바다 생물의 집이자 바다의 산소 공장 같은 곳이에요. 숲에 나무가 사라지면 많은 동물이 삶의 터전을 잃듯 해조류가 사라지면 바다 생물들이 삶의 터전을 잃어요. 해조류는 바다 생태계를 유지하기 위해 꼭 필요해요.

## 어휘력 높이기

✦ **수온**
물이 따뜻하고 차가운 정도.

✦ **갯녹음**
해조류가 사라지고 바닷속 암반이 하얗게 변하는 현상으로, '바다 사막화'라고도 함.

✦ **붕괴**
무너지고 깨어짐.

✦ **노출되다**
겉으로 드러나다.

## Day 5. 사회

# 매일 아침
# 오픈 런이 벌어지는 이곳은?

**◆ 키워드** : 오픈 런, 소아 청소년과, 합계 출산율

가게 문이 열리기도 전에 사람들이 일찍부터 줄을 서서 기다리는 '**오픈 런(개점 질주)**' 현상이 최근 **소아 청소년과** 병의원에서 자주 나타나고 있습니다. 온라인 커뮤니티에는 아픈 아이를 데리고 몇 시간을 기다려 겨우 진료받았다는 사연도 많습니다. **소아 청소년과 병의원이 줄어들고 있기 때문입니다.**

건강보험심사평가원에 따르면, 2020~2022년 사이에 문을 닫은 소아 청소년과 병의원은 총 379곳에 달합니다. 반면에 이 기간 동안 새로 생긴 소아 청소년과 병의원은 285곳에 그쳤습니다. 늦은 밤이나 주말에도 응급 환자를 치료하던 종합 병원 소아 응급실도 줄어들고 있습니다.

소아 청소년과 병의원이 줄어드는 가장 큰 이유는 의료 수가가 다른 과에 비해 낮아 병원 운영이 어렵기 때문입니다. 우리나라는 어린이 환자가 진찰료 부담없이 진료받을 수 있도록 의료 수가를 낮게 유지하고 있습니다. 또 저출생으로 어린이 환자가 줄어드는 점도 문제입니다. 한국의 **합계 출산율**은 2000년 1.48명에서 2024년 0.72명으로 크게 떨어졌고, 이에 따라 소아 청소년과 의사도 점점 줄고 있습니다. 소아 청소년과 병의원 감소는 어린이 의료 전반에 큰 영향을 미치므로 의료 수가 문제 해결, 전공의 지원 확대 등 대책 마련이 시급합니다.

**핵심 주제 파악하기**

어린이를 전문적으로 치료하는
소아 청소년과 병의원이 줄어들고 있다.

**배경 지식 넓히기**

### 소아 청소년과 병의원이 줄어들면 어떤 문제가 생겨요?

사람은 누구나 건강하게 생활할 권리가 있어요. 우리나라 의료법에서는 모든 환자가 진료받을 권리를 보장하지요. 소아 청소년과의 의료 수가가 낮은 이유도 의료비 부담 때문에 어린이들이 병원에 가지 못하는 일이 없도록 하기 위해서예요. 하지만 소아 청소년과 병의원이 줄어들면서 진료를 받지 못하는 어린이가 늘어 건강권이 침해받고 있어요.

**어휘력 높이기**

✦ **응급**
급한 대로 우선 처리하거나 급한 상황.

✦ **의료 수가**
의사의 의료 행위에 대한 표준 가격표로 건강 보험과 환자가 나누어 냄.

✦ **합계 출산율**
여성 한 명이 가임 기간(15~49세)에 낳을 것으로 예상되는 평균 자녀 수.

✦ **인상하다**
물건값, 요금 등을 올리다.

Day 6. 그래픽 뉴스

# 의대생들은 어떤 전공을 선호할까?

◆ 키워드 : 전공의, 지원율, 의료 공백

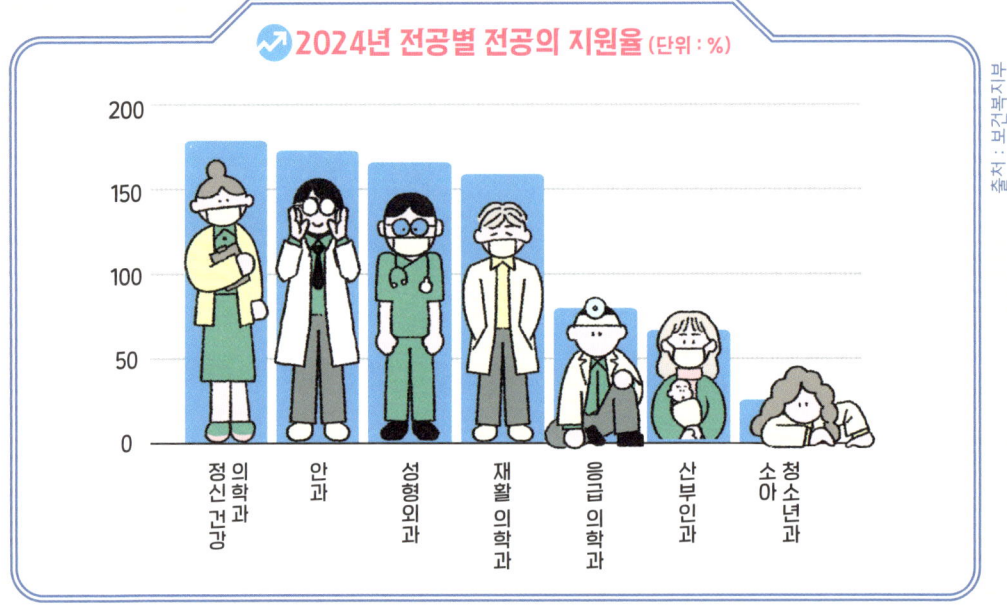

2024년 전공별 전공의 지원율 (단위 : %)

출처 : 보건복지부

2024년 상반기 전국 수련 병원의 **전공의** 모집 결과, 젊은 의사들은 정신 건강 의학과, 안과, 성형외과 등 수익성이 높고 비교적 업무 강도가 약한 전공을 선호하는 것으로 나타났습니다.

가장 높은 **지원율**을 기록한 진료과는 정신 건강 의학과로, 142명 모집에 254명이 지원해 179퍼센트(%)의 지원율을 보였습니다. 그 뒤를 이어 안과가 173퍼센트, 성형외과가 166퍼센트로 많은 지원자가 몰렸습니다. 반면 소아 청소년과, 산부인과, 응급 의학과 등 국민의 생명과 건강에 바로 영향을 끼치는 필수 의료 분야의 지원율은 낮았습니다. 특히 소아 청소년과의 지원율은 26퍼센트에 그쳤습니다. 필수 의료 분야의 전공의 미달 사태는 앞으로 **의료 공백**으로 이어질 수 있다는 우려의 목소리가 커지고 있습니다.

### 그래프 해석하기

**1) 막대그래프의 가로축인 x축과 세로축인 y축은 각각 무엇을 나타내나요?**

x축은 전공을, y축은 지원율을 나타내요. 각 전공별 지원율을 나타내는 막대그래프라는 것을 알 수 있어요.

**2) 막대그래프를 보고 무엇을 알 수 있나요?**

지원율이 높은 전공은 정신 건강 의학과, 안과, 성형외과, 재활 의학과이고, 지원율이 낮아 필요한 만큼 전공의를 뽑을 수 없는 전공은 소아 청소년과, 산부인과, 응급 의학과예요.

**3) 기사에서 말하고자 하는 주제는 무엇인가요?**

필수 의료 분야의 전공의 미달 사태는 앞으로 의료 공백으로 이어질 수 있어요.

### 어휘력 높이기

✦ **전공의**
특정 진료 과목을 택해 전문적인 교육을 받고 있는 의사로, '레지던트'라고도 함.

✦ **미달**
어떤 한도에 이르거나 미치지 못함.

✦ **공백**
비어 있거나 빈틈이 있음.

✦ **선호하다**
여럿 가운데서 특별히 가려서 좋아하다.

Day 7. 정치

## 하늘에서 쓰레기가 비처럼 내린다면?

◆ 키워드 : 북한, 오물 풍선, 평화

평소처럼 길을 걷던 사람들은 하늘에 떠 있는 커다란 풍선을 발견했습니다. 풍선 끝에는 비닐봉지가 매달려 있었습니다. 풍선이 펑 터지자 비닐봉지 속에 담겨 있던 더러운 쓰레기가 비처럼 쏟아졌습니다. 이 풍선의 정체는 바로 **북한**이 남쪽으로 날려 보낸 **오물 풍선**입니다.

북한은 2024년 5월부터 약 6개월간 하루 평균 100개 이상의 오물 풍선을 날려 보냈습니다. 이에 따라 공장이나 자동차에 불이 나기도 하고, 공항에서 비행기의 이착륙이 모두 중단되는 등 대혼란을 겪기도 했습니다.

북한은 오물 풍선이 우리나라의 대북 전단 살포에 대한 대응이라고 주장합니다. 실제로 최근 몇 년간 우리나라의 몇몇 탈북자 단체는 현금, 쌀, 북한을 비방하는 글, 우리나라의 드라마와 가요가 담긴 USB 등을 풍선에 실어 북한으로 날려 보냈습니다. 북한은 풍선 속 물건들이 북한의 체제를 위협한다며 반발했습니다. 북한 주민들이 이 풍선에 실린 물건을 발견하는 것 또한 극도로 경계하고 있습니다.

우리나라 국민도 시도 때도 없이 날아오는 북한의 오물 풍선 때문에 불안감이 커지고 있습니다. 풍선 전쟁으로 9·19 남북 군사 합의 등을 비롯해 남한과 북한이 오랜 시간 함께 만든 **평화** 규칙이 깨지면서 무력 충돌 가능성이 높아졌기 때문입니다.

**핵심 주제 파악하기**

"북한이 날려 보낸 오물 풍선 때문에 우리나라 국민의 불안감이 커지고 있다."

**배경 지식 넓히기**

### 9·19 남북 군사 합의가 뭐예요?

9·19 남북 군사 합의는 남북이 2018년 체결한 평화의 약속이에요. 남북한은 한국 전쟁 이후 70여 년간 화해와 갈등을 반복해 왔어요. 남북한의 최고 지도자는 9·19 남북 군사 합의를 체결하면서 한반도에서 더 이상 전쟁이 벌어지지 않도록 서로에게 위협이 되는 행위를 모두 멈추기로 했지요. 그런데 풍선 전쟁이 벌어지면서 우리 정부는 9·19 남북 군사 합의의 효력을 전면 중지하기로 했어요. 2025년 기준으로 현재는 북한에서 오물 풍선을 날리지 않고 있으며, 9·19 남북 군사 합의를 재건하기 위해 노력하고 있어요.

**어휘력 높이기**

✦ **북한**
대한민국의 휴전선 북쪽 지역을 가리키는 말로, 정식 명칭은 조선민주주의인민공화국.

✦ **이착륙**
비행기 등이 날기 위해 떠오르고, 땅으로 내려앉는 것.

✦ **대북**
북한을 대상으로 함.

✦ **반발하다**
어떤 상태나 행동 따위에 대해 거스르고 반항하다.

Day 8. 만평

## 냉탕과 온탕을 오가는 남북 관계

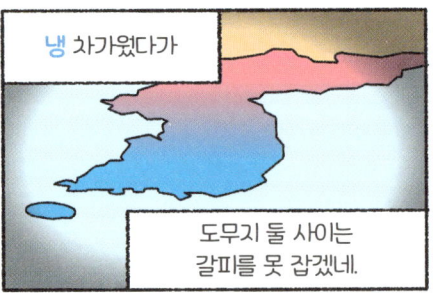

**생각 넓히기**

# 어떻게 해야 남과 북이 다시 대화를 시작할 수 있을까요?

우리나라는 세계에서 유일한 분단국가예요. 분단국가는 본래 하나의 나라였는데, 서로 생각이 달라서 각기 다른 나라로 갈라진 나라를 말해요.

지금은 남과 북이 서로 으르렁대고 있지만 관계가 늘 나쁘기만 했던 것은 아니에요. 때로는 남과 북의 지도자가 손을 맞잡았고, 아시안 게임 같은 국제적인 행사에 남과 북이 한반도기를 들고나와 하나로 똘똘 뭉치기도 했지요. 하지만 사이가 나빠질 땐 모든 노력이 물거품으로 돌아갔어요. 북한은 핵 실험을 하고 남쪽을 향해 미사일을 발사했어요. 또 국경을 맞대고 있는 접경 지역에서 벌어진 무력 충돌로 우리나라 군인들이 목숨을 잃기도 했어요.

남과 북의 갈등은 우리뿐만 아니라 세계 평화에도 큰 위협이 돼요. 전 세계가 남북 관계에 주목하는 이유지요. 한반도는 평화를 되찾을 수 있을까요? 어떻게 해야 남과 북이 다시 대화를 시작할 수 있을까요?

> 자신의 생각을 적어 보세요.

# 수업 중 휴대 전화 사용이 불법?

◆ 키워드 : 교육, 국가인권위원회, 인권 침해

2026년 3월부터 수업 시간에 스마트폰이나 태블릿PC, 스마트워치 등 디지털 기기 사용이 금지됩니다. 국회가 이 같은 내용의 '초·중등 교육법' 개정안을 통과시켰기 때문입니다.

이 같은 법이 만들어진 것은 최근 사이버 폭력, 딥페이크 성범죄, 사이버 도박 등 휴대 전화를 이용한 각종 사건에 연루되는 청소년이 많아졌기 때문입니다. 행동의 자유, 통신의 자유 등 기본권을 일부 제한하더라도 범죄에 휘말리지 않도록 청소년을 보호하는 것이 교육을 위해 바람직하다고 본 것입니다.

특히 2024년 국가인권위원회가 '학교의 휴대 전화 수거는 인권 침해가 아니다.'라는 입장을 내놓은 것이 결정적으로 영향을 미쳤습니다. 이전까지 국가인권위원회는 '학생들의 휴대 전화 사용을 제한하는 것은 인권 침해'라는 입장을 고수했지만 10년 만에 정반대의 판단을 내놨습니다. 수업 중에 문자 메시지를 보내거나 수업과 관계 없는 정보를 검색하고 사진을 촬영하는 것은 다른 학생들의 학습권을 침해할 수 있다고 본 것입니다.

이로써 우리나라는 학교 안에서 휴대 전화 사용을 금지하는 세계적인 추세에 동참하게 됐습니다. 프랑스, 뉴질랜드 등 일부 국가는 교내 휴대 전화 사용을 아예 금지하고 있고, 영국은 학생들의 휴대 전화 사용을 엄격하게 제한할 뿐만 아니라 필요할 경우 처벌하도록 권고하고 있습니다. 유네스코(UNESCO)도 '2023 글로벌 교육 모니터' 보고서에서 "혼란, 학습 부진, 사이버 괴롭힘을 막기 위해 학교에서 휴대 전화 사용을 제한해야 한다."고 말했습니다.

**핵심 주제 파악하기**

> **2026년 3월부터 수업 시간에 디지털 기기 사용이 금지된다.**

**배경 지식 넓히기**

### 국가인권위원회는 어떤 곳이에요?

국가인권위원회는 국민 한 사람 한 사람의 인권을 보호하기 위해 2001년에 설립된 기구예요. 누군가 인권을 침해당했다며 해결해 달라고 요청하면 국가인권위원회는 실제로 인권 침해가 발생했는지 조사하고 판단해요. 또 법과 제도가 인권을 침해하는지 따지고, 이를 고치도록 의견을 내기도 하지요.

**어휘력 높이기**

✦ **인권 침해**
인간이 마땅히 누려야 할 기본적인 권리를 부당하게 제한하거나 빼앗는 행위.

✦ **학습권**
원하는 과목이나 분야를 적절한 환경에서 자유롭게 학습할 권리.

✦ **추세**
어떤 현상이 일정한 방향으로 나아가는 경향.

✦ **권고하다**
어떤 일을 하도록 권하거나 제안하다.

Day 10. 찬반 토론

# 학교에서 학생들이 휴대 전화를 사용하지 못하게 해도 될까?

찬성 입장

**교내에서 휴대 전화 사용을 금지하는 것은 정당해요.**

학습권을 지키기 위해 교내에서는 학생들이 휴대 전화를 사용할 수 없도록 막아야 해요. 휴대 전화를 수거하지 않는 학교에서는 여러 가지 문제가 생기는 경우가 많아요.

먼저, 학생들이 수업 시간에 휴대 전화를 사용하면 교실이 혼란스러워져요. 다른 학생들은 수업에 집중하지 못해 학습권을 침해받고 선생님도 교육권을 보장받지 못해요. 또한 휴대 전화를 통해 학생들 사이에 나쁜 소문이 퍼지거나 다툼이 생기기도 해요. 최근에는 학교 폭력이 교실 안에서 끝나는 것이 아니라, 사이버 공간으로까지 번지는 경우도 많아졌어요. 이뿐만 아니라 학생들이 휴대 전화를 통해 사이버 범죄에 쉽게 노출될 수 있어요. 특히 딥페이크 기술을 이용한 성범죄는 가해자와 피해자 대부분이 청소년일 정도로 위험해요. 교내에서 휴대 전화 사용을 금지하면 이 같은 범죄가 학교 안에서 벌어지는 것을 막을 수 있고, 모두가 건강하고 안전한 학교생활을 할 수 있을 거예요.

### 반대 입장

**교내 휴대 전화 사용을 전면 금지하는 것은 불합리해요.**

모든 사람은 자유롭게 행동하고 자신의 생각을 표현할 권리가 있어요. 휴대 전화를 사용하는 것도 자신의 의사를 표현하고 소통하는 중요한 방법이에요. 이것은 헌법에서 보장하는 소중한 권리예요.

학교에서 학생의 휴대 전화 사용을 전면 금지하는 것은 학생들이 스스로 책임감 있게 휴대 전화 사용을 통제할 수 없다고 여기기 때문이에요. 하지만 대부분의 학생은 학교 공부에 방해가 되지 않는 선에서 스스로 휴대 전화 사용을 조절할 수 있어요. 학교가 휴대 전화 사용을 전면 금지하는 대신 학생들에게 올바른 디지털 기기 사용법과 책임감을 가르쳐야 해요. 학교에서 휴대 전화를 수거하면 학생들이 스스로 사용 습관을 점검하고 조절할 기회를 잃게 돼요. 국가인권위원회도 휴대 전화 사용을 전면 금지하는 것은 학생의 행동 자유와 통신의 자유를 과도하게 제한하는 것으로 판단했어요. 수업 시간에는 휴대 전화 사용을 제한하고, 쉬는 시간이나 점심시간에는 허용하면 학생들의 인권을 존중하면서도 교육의 목표도 달성할 수 있어요.

Day 11. 사회

# 서커스 공연하던 최고령 코끼리, '사쿠라' 잠들다

◆ 키워드 : 동물 학대, 동물권, 침해

2024년 2월, 우리나라 최고령 코끼리였던 '사쿠라'가 59세로 세상을 떠났습니다. 1965년에 태국에서 태어난 사쿠라는 태어난 지 7개월 만에 일본의 놀이공원인 '다카라즈카 패밀리랜드'로 옮겨졌습니다. 그곳에서 오랜 시간 서커스 공연을 하며 살다가 2003년에 다카라즈카 패밀리랜드가 문을 닫으면서 우리나라 서울 대공원으로 옮겨졌습니다. 그런데 사쿠라는 새로운 보금자리에 쉽게 적응하지 못했습니다. 아주 어릴 때 부모와 떨어져 홀로 지낸 탓에 다른 코끼리들과 잘 어울릴 수 없었던 것입니다. 결국 사쿠라는 어디에도 정을 붙이지 못한 채 쓸쓸하게 생을 마감했습니다.

사쿠라처럼 어린 시절부터 동물원에 갇히거나 각종 체험 프로그램 등에 동원되는 코끼리가 많습니다. 야생의 코끼리는 암컷 우두머리를 중심으로 가족 단위로 무리 지어 생활하는 습성이 있습니다. 하지만 인간에게 사육되는 코끼리는 혼자 지내며 혹독한 훈련을 받습니다. 훈련 과정에서는 야생성을 없애기 위해 매질을 하고, 때로는 굶기기도 합니다. 이러한 **동물 학대**는 동물이 **고통과 학대로부터 자유롭게 살 권리**인 '**동물권**'을 심각하게 **침해**합니다.

사쿠라의 죽음을 계기로 동물 보호 단체들은 야생 동물을 동원한 서커스, 전시, 체험 행사의 문제점을 적극적으로 알리고 있습니다. 하지만 여전히 일부 공연에서는 코끼리에게 화려한 장식을 씌우고 뒷발로 서는 묘기 등을 시키고 있습니다.

### 핵심 주제 파악하기

> 동물 학대와 다를 바 없는 코끼리 훈련은 동물이 고통과 학대로부터 자유롭게 살 권리인 '동물권'을 심각하게 침해한다.

### 배경 지식 넓히기

**동물에게도 권리가 있을까요?**

사람에게 인권이 있듯이 동물에게도 고통받지 않고 행복하게 살아갈 권리인 동물권이 있어요. 동물권을 옹호하는 사람들은 동물에게도 감정이 있다고 말해요. 동물이 학대를 당했을 때 단순히 통증만 느끼는 것이 아니라 슬픔, 외로움, 두려움과 같은 감정도 느낀다고 주장하지요. 동물권을 인정하는 국가들은 동물 학대를 비롯해 동물에게 고통을 주는 행위를 법으로 금지하고 있어요.

### 어휘력 높이기

✦ **보금자리**
편안하고 안전하게 살 수 있는 곳을 비유적으로 이르는 말.

✦ **습성**
같은 종 내에서 발견되는 공통된 생활 양식이나 행동.

✦ **사육**
여러 짐승을 먹이고 기르는 것.

✦ **동원되다**
어떤 목적을 달성하기 위해 모여지다.

# 동물 체험 프로그램을 운영하는 동물 카페를 이용해도 될까?

**찬성 입장**

**동물 카페를 합법적으로 이용하는 것은 허용해야 해요.**

사람들이 갑자기 동물 카페를 이용하지 않는다면 오히려 야생 동물이 더 큰 위험에 처할 수 있어요. 우리나라 정부는 동물 카페에서 야생 동물을 만지는 행위를 금지했지만 동물 카페를 운영하며 전시하는 것은 2027년까지 유예 기간을 두고 허용하기로 했어요. 이는 동물 카페를 운영하는 자영업자들이 야생 동물을 안전한 곳으로 옮길 시간을 충분히 가질 수 있도록 배려한 조치예요. 동물 카페를 갑자기 닫아야 한다면 자영업자들은 야생 동물을 안전한 곳에 보내지 못한 채 서둘러 장사를 접을 수밖에 없어요. 이 과정에서 야생 동물들이 아무 데나 버려지는 등 더 큰 위험에 처하게 될 거예요.

또한 동물 카페는 도시에서 쉽게 접할 수 없는 야생 동물을 직접 만나 볼 수 있다는 장점도 있어요. 어린이들은 동물 카페에서 자연스럽게 야생 동물의 습성을 배우고 야생 동물을 대하는 올바른 방법을 익힐 수 있어요. 동물을 힘들게 하지 않는 범위 안에서 동물 카페를 합법적으로 이용하는 것은 교육적으로도 바람직해요.

## 불법 동물 카페를 이용해서는 안 돼요.

우리나라는 2023년부터 '동물원 및 수족관의 관리에 관한 법률'에 따라 라쿤, 미어캣 등 야생 동물이 전시된 동물 카페에서 사람이 동물을 만지는 행위를 금지하고 있어요. 하지만 여전히 많은 사람이 동물 카페에서 동물을 만지고 먹이를 주며 각종 체험 프로그램을 즐기고 있지요.

동물 카페를 찾는 사람이 많다면 동물 카페 운영자들은 불법적인 체험 프로그램을 계속 유지할 가능성이 커요. 우리가 동물 카페에 가지 않는다면 동물 카페도 더 이상 불법 행위를 할 수 없고, 야생 동물을 하루라도 빨리 안전한 장소로 옮길 수 있을 거예요.

또한 야생 동물을 전시하는 동물 카페는 교육적으로도 바람직하지 않아요. 야생 동물은 본래 야생에 살아야 하며, 인간은 동물이 야생에서 살아갈 수 있도록 배려해야 해요. 그런데 야생 동물을 도시에서 키우면서 구경거리로 만든다면 자칫 어린이에게 동물의 삶을 인간이 마음대로 바꿔도 된다는 잘못된 인식을 심어 줄 수 있어요.

Day 13. 사회

# 제로 슈거 열풍이 부는 이유는?

✦ 키워드 : 인공 감미료, 제로 슈거, 열량

요즘 대형 마트나 편의점에 가 보면 '제로 콜라'처럼 설탕 대신 인공 감미료로 단맛을 낸 식품들이 넘쳐 납니다. 일반적으로 단맛을 내기 위해 설탕이 필요하지만 제로 콜라에는 설탕 대신 **인공 감미료**가 들어 있어 설탕을 사용하지 않습니다. 제로 콜라뿐만 아니라 포장지에 '제로', '다이어트', '0칼로리' 따위의 문구를 내세운 과자, 초콜릿, 음료수 등에는 어김없이 아스파탐, 스테비아, 수크랄로스, 알룰로스 같은 가짜 설탕이 들어 있습니다. 이렇게 식품에 인공 감미료를 넣은 **제로 슈거** 열풍이 일어난 이유는 소비자와 기업 모두에게 이익이기 때문입니다. 살찔 걱정 없이 단맛을 즐기고 싶어 하는 소비자에게 인공 감미료는 설탕을 대신할 수 있는 좋은 선택입니다. 설탕의 **열량**은 1그램(g)당 4킬로칼로리(kcal)에 이르지만 인공 감미료는 대부분 0킬로칼로리입니다.

설탕을 지나치게 많이 섭취하면 몸속 포도당의 농도가 높아져 당뇨나 비만을 유발할 수 있습니다. 하지만 인공 감미료는 설탕에 비해 최고 600배 이상의 단맛을 내면서도 몸에 흡수되지 않기 때문에 우리 몸에 미치는 영향이 거의 없다고 알려져 있습니다. 이 때문에 당을 적게 섭취해야 하는 당뇨병 환자들은 인공 감미료를 설탕 대체제로 사용하며 건강을 관리하기도 합니다.

인공 감미료를 사용하면 기업은 생산 비용을 크게 아낄 수 있습니다. 인공 감미료는 설탕에 비해 수십 배 이상 저렴한데다 적은 양으로 충분한 단맛을 낼 수 있기 때문입니다.

**핵심 주제 파악하기**

"
'제로 슈거 열풍'이 일어난 이유는
소비자와 기업 모두에 이익이기 때문이다.
"

**배경 지식 넓히기**

### 설탕을 먹으면 왜 살이 찔까요?

우리 몸은 활동할 때 많은 에너지를 소모해요. 이때 우리 몸이 쓰는 에너지의 양과 음식에 담긴 에너지의 양을 모두 열량이라고 해요. 설탕은 열량이 높지만 포만감이 잘 느껴지지 않아서 다른 음식보다 더 많이 먹게 돼요. 그러면 몸에 들어오는 열량이 필요 이상 많아지고, 쓰고 남은 열량은 지방으로 변해 몸에 쌓여서 살이 찌는 거예요. 그래서 설탕을 '비만의 주범'이라고 해요.

**어휘력 높이기**

✦ **인공 감미료**
식물에서 당 성분만 빼내거나 화학 물질을 결합해 단맛이 나게 만든 식품 첨가물.

✦ **열량**
열에너지의 양으로, 보통 칼로리(cal)로 표시함.

✦ **포도당**
당 성분 중 하나로, 에너지원으로 쓰임.

✦ **섭취하다**
생명체가 음식이나 영양분을 몸속으로 받아들이다.

Day 14. 만평

# 분명히
# 0칼로리라고 했는데······.

**생각 넓히기**

# 인공 감미료,
# 정말 많이 먹어도 괜찮을까요?

인공 감미료로 단맛을 낸 '제로 슈거' 식품이 사람들에게 큰 인기를 끌고 있어요. 인공 감미료는 단맛을 내지만 체내에 거의 흡수되지 않아 칼로리가 없거나 아주 적지요. 어떤 사람은 제로 슈거 식품은 살찔 걱정이 없다며 마음껏 먹기도 해요.

그런데 최근 들어 인공 감미료의 부작용을 우려하는 목소리가 나오고 있어요. 인공 감미료가 들어 있는 음식을 자주 먹으면 우리 뇌가 계속해서 더 많이, 더 자주 단맛을 느끼고 싶어 하는 '단맛 중독'으로 이어질 수 있기 때문이에요. 특히 단맛을 자주 느낄수록 우리 뇌는 배고픔을 더 많이 느껴 과식하게 된다는 연구 결과도 있어요. 이 밖에도 인공 감미료는 장에서 잘 흡수되지 않기 때문에 많이 먹으면 소화 불량, 복통, 설사 등이 생길 수 있다고 해요.

인공 감미료는 0칼로리(cal)라서 비만과 당뇨에 도움이 될까요? 제로 슈거 열풍이라고 불릴 만큼 늘어나는 인공 감미료 섭취에 대해 어떻게 생각하나요?

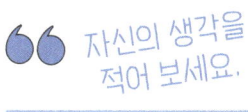

자신의 생각을 적어 보세요.

Day 15. 경제

# 달콤한 탕후루의 씁쓸한 퇴장

✦ 키워드 : 자영업자, 창업, 폐업

탕후루는 달콤한 과일을 꼬치에 꿰어 물엿과 설탕을 묻혀 만드는 중국의 길거리 간식입니다. 2023년, 우리나라에서는 '탕후루 열풍'이 불었습니다. 수많은 사람이 줄을 서서 탕후루를 사 먹었고, 1년 사이에 1300곳이 넘는 탕후루 가게가 우후죽순 생겼습니다. 탕후루 장사로 하루에 수백만 원씩 돈을 버는 사람들이 등장하면서 수많은 **자영업자**가 큰 수익을 낼 수 있다는 꿈을 안고 **창업**에 나선 것입니다.

그런데 그 많던 탕후루 가게가 채 1년도 지나지 않아 자취를 감추었습니다. 가장 큰 이유는 어린이와 청소년의 건강 문제 때문입니다. 탕후루는 설탕 함유량이 매우 높아 어린이와 청소년의 비만과 당뇨를 유발할 수 있다는 전문가의 경고가 잇달았습니다. 차츰 사람들이 탕후루를 멀리하게 됐습니다.

또한 탕후루 가게가 갑자기 너무 빨리 늘어나면서 공급 과잉 현상이 발생했습니다. 경쟁도 치열해지고 탕후루를 찾는 사람도 줄자, 탕후루 가게의 매출은 더욱 빠른 속도로 감소했습니다.

게다가 2023년에는 많은 비가 내리며 과일 가격이 폭등했습니다. 여기에 설탕, 물엿, 꼬치 등 원자재 비용이 늘어나면서 탕후루 가게의 운영 부담이 커졌습니다. 매출은 줄어드는데 운영비가 늘어나자 많은 자영업자가 가게를 **폐업**해야 했습니다. 손실을 견디며 가게를 운영하기 어려워졌기 때문입니다.

한때 달콤했던 탕후루 열풍은 채 1년도 되지 않아 씁쓸하게 막을 내렸습니다.

 **핵심 주제 파악하기**

"2023년 탕후루 열풍으로 우후죽순 문을 연 탕후루 가게가 1년도 되지 않아 자취를 감췄다."

 **배경 지식 넓히기**

### 경제는 어떻게 돌아가나요?

경제는 가계, 기업, 정부 등 세 경제 주체의 경제 활동으로 돌아가요. 가계가 노동력을 제공하면, 기업은 생산해 번 돈을 가계에 주고, 가계는 그 돈으로 소비해요. 또 가계와 기업은 정부에 세금을 내지요. 경제가 잘 돌아가려면 모든 경제 주체는 합리적으로 선택해야 해요. 특히 생산을 담당하는 기업은 최소의 비용으로 최대의 이익을 얻을 수 있는 선택을 해야 하지요.

 **어휘력 높이기**

✦ **우후죽순**
어떤 일이 한때 많이 생기는 것을 비 온 뒤 여기저기 솟는 죽순에 비유한 말.

✦ **자영업자**
혼자 힘으로 소규모 가게나 회사를 경영하는 사업자.

✦ **창업**
가게나 기업 등을 처음 세우고 시작함.

✦ **폐업하다**
가게나 기업 등의 영업을 그만두다.

**Day 16.** 찬반 토론

# 대형 마트 의무 휴업일을 주말로 정하는 게 좋을까?

**찬성 입장**

**대형 마트 의무 휴업일은 전통 시장을 살리기 위해 주말로 정해야 해요.**

대형 마트의 의무 휴업일은 지역 주민의 생활 편의를 높이고, 전통 시장과 골목 상권 보호를 위해 시행되는 제도예요. 또한 대형 마트 노동자의 휴식권을 보장하려는 목적도 있어요.

그런데 의무 휴업일을 평일로 지정한 곳이 많다 보니 골목 상권과 전통 시장의 상인들이 이 제도의 효과를 충분히 누리지 못하고 있어요. 여러 조사에 따르면, 평일에는 사람들이 일하느라 바쁘기 때문에 대형 마트나 전통 시장에 잘 가지 않고 대신 온라인 쇼핑이나 가까운 슈퍼마켓을 주로 이용해요. 대형 마트나 전통 시장에는 주로 주말에 가지요. 따라서 대형 마트 의무 휴업일을 주말로 정하면 좀 더 많은 소비자가 전통 시장에 갈 수 있어요.

또한 대형 마트 노동자도 주말에 쉬면서 가족, 친구들과 여가를 보내야 해요. 대형 마트 노동자가 진정한 휴식권을 보장받고, 헌법에서 보장한 기본권인 행복 추구권을 누릴 수 있게 하려면 대형 마트의 의무 휴업일을 주말 중 하루로 정해야 해요.

### 대형 마트 의무 휴업일은 소비자의 편의를 위해 평일로 정해야 해요.

대형 마트 의무 휴업일을 주말로 정하면 소비자 입장에서는 여러 가지 불편을 겪을 수 있어요. 정부가 골목 상권과 전통 시장을 보호하려는 노력은 필요하지만 이 제도를 강제로 실행할 경우 예상치 못한 문제들이 발생할 수 있어요.

대형 마트가 주말에 문을 닫으면 평일에 일하는 사람들은 장을 볼 수 있는 시간을 놓치게 되고, 소비자는 불편을 겪게 돼요. 동시에 대형 마트는 주말 매출이 줄어들어 경영에 어려움을 겪을 수 있어요. 특히 최근에는 온라인 쇼핑으로 인해 대형 마트의 경영난 역시 심각한 상황이에요.

따라서 대형 마트 의무 휴업 제도의 취지를 살리면서도 소비자의 불편을 최소화하려면 평일로 휴업일을 지정하는 것이 더 효과적이에요. 평일에 장을 보는 사람들은 대형 마트 대신 전통 시장이나 가까운 슈퍼마켓을 이용할 테니, 소상공인에게도 도움이 될 거예요. 또 대형 마트에서 일하는 노동자들의 휴식권을 보장하는 것도 중요한 과제예요. 노동자의 휴식권도 보장하고, 소비자의 불편도 최소화할 수 있는 방법을 찾아야 해요.

Day 17. 정치

# 바오 패밀리에겐 특별한 임무가 있다

✦ 키워드 : 동물 외교관, 판다 외교, 경제적 이득

경기도 용인시 에버랜드에 사는 판다 가족 '바오 패밀리'는 우리나라에서 아이돌 못지 않은 인기를 누리고 있습니다. 사람들은 바오 패밀리를 보기 위해 추운 겨울에도 오랜 시간 줄을 서서 기다립니다. 그런데 바오 패밀리는 평범한 동물이 아닙니다. 중국이 우리나라에 보낸 '**동물 외교관**'입니다.

**중국은 다른 나라와 좋은 관계를 맺고 싶을 때 판다 외교를 활용합니다.** 특히 껄끄러운 관계를 풀고 싶을 때 동글동글 귀여운 판다를 선물합니다. 실제로 1972년에 중국이 미국과 교류를 시작하면서 '싱싱'과 '링링'이라는 판다 한 쌍을 미국에 선물했습니다. 미국은 싱싱과 링링을 스미스소니언국립동물원에 살게 했는데, 매일 판다를 보기 위해 인파가 몰려들었습니다. 이러한 관심은 중국에 대한 관심으로 이어졌습니다. 이후 판다는 중국과 다른 나라의 '새로운 시작'을 상징하는 외교관 역할을 톡톡히 하고 있습니다. 중국은 우리나라를 비롯해 일본, 프랑스, 영국 등에 판다를 보냈고, 모든 나라에서 판다는 큰 사랑을 받았습니다.

판다는 중국과 상대국에 **경제적 이득**도 가져다줬습니다. 중국은 판다 한 쌍을 보낼 때 상대국에 15억 원 안팎의 임대료를 받습니다. 결코 적지 않은 돈이지만 판다를 데려가려고 하는 나라는 많습니다. 판다가 사는 동물원에는 늘 수많은 사람이 몰려들어 수익을 낼 수 있기 때문입니다. 푸바오가 살았던 우리나라의 에버랜드를 비롯해 일본의 우에노동물원, 영국의 에든버러동물원 등도 판다 덕분에 큰 이익을 거뒀습니다.

**핵심 주제 파악하기**

"중국은 다른 나라와 좋은 관계를 맺고 싶을 때 판다 외교를 활용한다."

**배경 지식 넓히기**

### 외교가 뭐예요?

외교는 자국의 이익을 위해 다른 나라와 관계를 맺고, 유지하는 활동을 말해요. 관계를 맺는 방법은 다양해요. 군사적으로 동맹을 맺어 위기가 생겼을 때 서로 돕기로 약속할 수도 있고, 경제적인 이득을 얻기 위해 교역을 할 수도 있어요. 외교부는 다른 나라와 관계를 잘 맺을 수 있는 정책을 마련해요. 우리나라에 대한 좋은 이미지를 만들기 위해 노력하고, 다른 나라가 우리나라에 대해 잘못된 발언을 하면 이에 대응하는 정책을 마련해 국가의 명예와 이익을 지키지요.

**어휘력 높이기**

✦ **외교관**
외국에 머물면서 자기네 나라와 외국 사이에 생기는 일을 공적으로 처리하는 임무를 맡은 사람.

✦ **인파**
사람의 물결이란 뜻으로, 많은 사람을 이르는 말.

✦ **톡톡히**
구실이나 역할 따위가 제대로 되어 충분하게.

✦ **쩔끄럽다**
마음이 불편하고 어색하다.

Day 18. 환경

# 남방큰돌고래가 인간에게 소송을 건다면?

✦ 키워드 : 생태 법인, 권리, 환경 정책

제주특별자치도에는 다른 지역에서 찾아볼 수 없는 특별한 돌고래가 살고 있습니다. 바로 남방큰돌고래입니다. 남방큰돌고래는 길고 매끈한 몸을 가지고 있으며, 다 컸을 때의 몸길이가 약 2.6미터(m), 몸무게는 약 220~230킬로그램(kg)에 이릅니다. 예전에는 제주 연안에서 수많은 남방큰돌고래가 떼 지어 헤엄치는 모습을 쉽게 볼 수 있었습니다. 그런데 최근에는 남방큰돌고래의 수가 약 120마리로 줄어들었습니다.

제주특별자치도는 우리나라 최초로 남방큰돌고래를 **생태 법인**으로 지정하기 위한 본격적인 논의를 시작했습니다. 생태 법인은 강이나 산 같은 자연환경이나 동식물이 법적인 **권리**를 누릴 수 있게 하는 제도입니다.

남방큰돌고래가 국내 1호 생태 법인으로 지정된다면 남방큰돌고래는 특별한 법적 보호를 받을 수 있게 됩니다. 남방큰돌고래의 권리가 침해될 경우 대리인을 내세워 소송을 거는 것도 가능해집니다.

국내에서 생태 법인이 도입되는 것은 우리나라 법체계에 큰 변화를 불러오는 중요한 사건입니다. 정부의 **환경 정책**에도 중대한 전환점이 될 것으로 보입니다. 기존 인간 중심에서 벗어나 자연을 살리는 관점으로 환경 정책을 수립한다면 환경 파괴 행위를 전면 금지할 정도로 강력한 규제가 마련될 수도 있을 것으로 예상됩니다.

**핵심 주제 파악하기**

> 제주특별자치도는 우리나라 최초로 남방큰돌고래를 생태 법인으로 지정하기 위한 논의를 시작했다.

**배경 지식 넓히기**

### 동물의 권리가 법으로 보장되나요?

우리나라에는 환경정책기본법, 대기환경보전법, 동물보호법 등 자연환경과 동식물을 보호하기 위한 법률이 마련돼 있어요. 하지만 현재 우리나라 법체계에서는 자연환경이나 동식물이 인간을 상대로 소송을 제기해 손해 배상이나 처벌을 요구할 수는 없어요. 현행 법률이 인간과 인간이 만든 법인만을 법적 주체로 인정하기 때문이에요.

**어휘력 높이기**

✦ **생태**
생물이 살아가는 모양이나 상태.

✦ **전환점**
다른 방향이나 상태로 바뀌는 계기.

✦ **규제**
국가나 지방 자치 단체가 어떤 목적을 달성하기 위해 국민의 권리를 제한하는 것.

✦ **지정하다**
장소, 사물 등을 특별한 기준에 따라 정식으로 정하다.

Day 19. 과학

# 우리 뇌를 '팝콘'으로 만드는 숏폼

✦ 키워드 : 숏폼, 자극, 도파민

옥수수를 프라이팬에 넣고 열을 가하면 옥수수 알갱이들은 순식간에 팝콘으로 변해 사방으로 튀어 오릅니다. 하지만 1분 정도가 지나면 팝콘은 다시 잠잠해집니다.

미국 워싱턴대학교의 데이비드 레비 교수는 숏폼을 볼 때 우리의 머릿속에서 마치 팝콘을 만들 때와 같은 일이 벌어진다고 주장하며 숏폼의 위험성을 경고했습니다. 레비 교수는 이러한 현상을 '팝콘 브레인'이라고 불렀습니다.

우리의 뇌는 즐거운 자극을 받을 때 도파민이라는 물질이 나옵니다. 도파민은 '행복 호르몬'이라 불리며, 즐거운 경험을 할 때 분비됩니다. 그래서 우리는 좋아하는 사람을 더 자주 만나고 싶어 하고, 맛있는 음식을 더 먹고 싶어 하는 욕구를 느끼게 됩니다.

재미있는 숏폼을 볼 때도 도파민이 나옵니다. 재생 시간이 1분밖에 안 되는 숏폼은 뇌 속에 팝콘이 터지듯 짧고 강렬한 자극을 남깁니다. 그러면 뇌는 더 많은 자극을 원하게 됩니다. 이것이 우리가 숏폼을 보기 시작하면 멈추기 어려운 이유입니다. 뇌가 강렬한 자극에 익숙해지면서 점점 더 강한 자극을 찾게 되고, 평범하거나 느린 자극에는 흥미를 잃게 됩니다. 그 결과 집중력 저하, 무기력감, 우울감 등이 나타날 수 있습니다.

### 핵심 주제 파악하기

**" 숏폼을 자주 보면 우리 뇌가 짧고 강렬한 자극에 중독될 수 있다. "**

### 배경 지식 넓히기

#### 도파민은 어떤 일을 하나요?

도파민은 감정을 조절하는 물질로, 많이 분비될수록 즐거움, 행복감을 느껴요. 그런데 도파민이 너무 많이 나오면 뇌의 앞쪽 부분인 전두엽을 자극해서 충동을 조절하는 능력이 떨어져요. 우리가 숏폼, 쇼핑, 담배, 마약, 게임 등에 중독되는 것은 모두 도파민이 전두엽을 자극하기 때문이에요. 반면 도파민이 너무 부족하면 우리는 우울감을 느껴요.

### 어휘력 높이기

✦ **숏폼**
재생 시간이 짧은 동영상 콘텐츠.

✦ **호르몬**
아주 적은 양으로 우리 몸의 여러 활동을 조절하는 물질.

✦ **무기력감**
어떠한 일을 감당할 수 있는 기운과 힘이 없는 기분이나 느낌.

✦ **경고하다**
조심하도록 미리 주의를 주다.

# 스마트폰에 빠진 10대들

◆ 키워드 : 청소년, 스마트폰 중독

10대 **청소년** 10명 중 4명은 **스마트폰 중독**으로 학업에 집중하지 못하거나 일상생활에 어려움을 겪는 것으로 나타났습니다.

여성가족부와 한국청소년정책연구원이 발표한 '2024 청소년 통계'에 따르면 청소년의 40.1퍼센트(%)는 스마트폰 중독 위험군에 속하는 것으로 조사됐습니다. 이 집단에는 스마트폰 사용 시간을 조절하기 어려워 일상생활에 문제가 발생하기 시작한 잠재적 위험군과 이미 일상생활에 심각한 어려움을 겪는 고위험군이 포함됩니다.

스마트폰 중독 문제를 겪는 청소년의 비율은 해마다 늘고 있습니다. 2011년 11.4퍼센트였던 스마트폰 중독 청소년 비율은 코로나19 팬데믹 사태 직후인 2020년 35.8퍼센트로 급격히 증가했습니다. 그리고 2022년부터 2024년까지 40퍼센트대를 유지하고 있습니다.

**그래프 해석하기**

**1) 면적그래프의 가로축인 x축과 세로축인 y축은 각각 무엇을 나타내나요?**

x축은 연도를 나타내고, y축은 전체 청소년 중 스마트폰 중독으로 문제를 겪는 청소년의 비율을 나타내요.

**2) 면적그래프를 보고 무엇을 알 수 있나요?**

중독 위험군인 청소년의 비율을 나타내는 빨간색의 면적은 시간이 흐를수록 넓어지는 반면 중독 위험군이 아닌 청소년의 비율을 나타내는 파란색의 면적은 갈수록 줄어들고 있어요.

**3) 기사에서 말하고자 하는 주제는 무엇인가요?**

스마트폰 중독 문제를 겪는 청소년이 점차 늘고 있어요.

**어휘력 높이기**

✦ **중독**
그것 없이는 견디지 못하는 병적 상태.

✦ **팬데믹**
질병이 세계적으로 전염, 확산되는 현상.

✦ **잠재적**
겉으로 드러나지 않고 숨은 상태로 존재하는.

✦ **집중하다**
한 가지 일에 힘을 쏟아붓다.

Day 21. 환경

# 새들의 목숨을 앗아 가는 유리 빌딩의 비밀

◆키워드 : 멸종, 조류 충돌, 도시화

2019년부터 2023년까지 405마리의 새매가 방음벽과 도시의 유리 빌딩에 충돌해 죽었습니다. 새매는 몸길이가 약 30센티미터(cm)인 야생 조류로, 2012년 **멸종** 위기 야생 생물 2급으로 지정돼 보호받고 있습니다.
그런데 최근 새매를 위협하는 새로운 천적이 생겼습니다. 그 천적은 다름 아닌 도로에 세워진 방음벽과 투명한 유리 빌딩입니다. 새매가 하늘을 날다가 눈앞에 투명한 유리가 있다는 사실을 알아챘을 때는 이미 속도를 줄이기 어려운 경우가 많습니다. 유리에 부딪히면 강한 충격으로 그 자리에서 죽거나 가까스로 살아남더라도 날개나 부리가 부러져 결국 생명을 잃습니다.
이러한 **조류 충돌**은 새매에게만 일어나는 문제가 아닙니다. 매년 약 800만 마리의 새가 방음벽이나 유리 빌딩에 부딪히는 조류 충돌로 죽는 것으로 추정됩니다.

숲을 없애고 바다를 메워 고층 빌딩과 도로를 건설하는 **도시화**가 빠르게 진행되면서 새매를 비롯한 야생 동물은 미처 새로운 서식지를 찾아 이동하지 못했습니다. 결국 도심에 살게 된 새들은 인공 구조물과 충돌하는 위험에 처하게 된 것입니다.
새들의 안타까운 죽음을 막기 위해서는 사람들의 적극적인 노력이 필요합니다. 최근 지방 자치 단체들은 새들이 멀리서도 알아볼 수 있도록 투명한 구조물에 스티커를 부착하는 캠페인을 벌이며 조류 충돌을 줄이기 위해 노력하고 있습니다.

### 핵심 주제 파악하기

> **매년 약 800만 마리의 새가 방음벽이나 투명한 유리 빌딩에 부딪히는 조류 충돌로 죽고 있다.**

### 배경 지식 넓히기

**새들은 왜 유리 빌딩을 못 보는 걸까요?**

맹금류를 제외한 새들은 대부분 눈이 머리의 양옆에 달려 있어요. 그래서 눈이 정면에 달린 인간보다 주변을 넓게 관찰할 수 있지요. 그러나 앞에 있는 물체를 보는 거리감은 상대적으로 떨어져요. 멀리 있는 물체와 가까이 있는 물체를 구분하는 데 어려움을 겪지요. 특히 투명한 구조물을 알아채기 어렵고, 때로는 유리에 비친 자신의 모습을 적으로 착각해 부딪히는 일도 생겨요.

### 어휘력 높이기

**✦ 조류 충돌**
빌딩 등 유리로 된 건물, 비행기 등에 새가 부딪히는 사고.

**✦ 도시화**
인구가 도시에 집중되면서 숲과 농지 등이 도시로 바뀌는 현상.

**✦ 서식지**
동식물이 일정한 곳에 자리를 잡고 사는 곳.

**✦ 부착하다**
떨어지지 않게 붙이거나 달다.

Day 22. 사회

# 심각한 범죄로 이어지는 층간 소음 갈등

◆키워드 : 층간 소음, 범죄

최근 **층간 소음**을 소재로 한 영화나 드라마가 많이 만들어지고 있습니다. 영화 「노이즈」와 「84제곱미터」는 모두 층간 소음으로 인한 갈등을 다뤄 눈길을 끕니다. **층간 소음으로 인한 갈등이 살인이나 방화와 같은 끔찍한 범죄로 이어지는** 일이 늘어나면서 사회적으로 관심이 커진 것으로 보입니다.

실제로 경찰대학교 치안정책연구소가 발간한 '층간 소음 범죄의 실태 및 특성 보고서'에 따르면, 층간 소음으로 유죄 선고를 받은 사건의 수가 2013년에는 43건에 불과했지만 2022년에는 125건으로 3배 가까이 늘었습니다.

치안정책연구소가 2013년부터 2022년까지 10년간 발생한 층간 소음 관련 판결문 734건을 분석한 결과, 그중 73건은 살인이나 방화와 같은 강력 범죄였습니다. 상해, 폭행, 감금과 같은 범죄를 포함하면 전체의 80퍼센트가 신체에 손상을 입히는 범죄인 것으로 집계됐습니다. 범죄로 인한 피해도 막심합니다. 피해자가 사망한 경우는 19건, 전치 2주 이상의 상해를 입은 경우는 104건으로 나타났습니다.

## 핵심 주제 파악하기

"층간 소음으로 인한 갈등이 살인이나 방화와 같은 끔찍한 범죄로 이어지는 일이 늘어났다."

## 배경 지식 넓히기

### 층간 소음은 어떤 경우에 발생하나요?

층간 소음은 아파트나 다세대 주택처럼 위층과 아래층이 붙어 있는 공동 주택에서 흔히 발생해요. 보통 아이들이 뛰어다니는 소리, 가구를 끄는 소리, 청소기나 세탁기처럼 진동이 큰 가전제품을 사용하는 소리 등이 문제가 돼요. 건물을 지을 때 방음 시설을 제대로 갖추지 않거나 바닥 구조를 약하게 만든 것도 층간 소음의 원인이에요. 따라서 아파트 건설사가 층간 소음으로 인한 피해에 책임을 져야 한다고 주장하는 사람들도 있어요.

## 어휘력 높이기

✦ **갈등**
서로의 생각이나 입장이 달라 부딪히고 대립하는 상황.

✦ **방화**
일부러 불을 지름.

✦ **상해**
다른 사람의 몸에 상처를 내 해를 끼치는 일.

✦ **막심하다**
더할 나위 없이 심하다.

Day 23. 만평

# 층간 소음을 잊게 한 따뜻한 편지

## 생각 넓히기

### 층간 소음 갈등을 줄일 수 있는 방법은 무엇일까요?

최근 한 아파트에서 19층에 사는 유치원생 A 군과 18층에 사는 할머니 사이에 오간 편지가 화제가 됐어요.

A 군은 유치원에서 층간 소음에 대해 배운 후에 18층에 사는 할머니에게 편지를 쓰기로 결심했다고 해요. 편지에는 직접 그린 그림과 함께 '뛰어서 죄송합니다.'라고 썼어요. 삐뚤빼뚤 서툴게 쓴 글씨였지만 진심이 담겨 있었어요.

며칠 후, 18층에 사는 할머니는 A 군에게 답장을 보냈어요. 할머니는 '안녕, A야. 편지 받고 깜짝 놀랐단다. 할머니는 A가 시끄럽게 뛰는 소리를 듣지 못했거든. 건강하게 무럭무럭 자라길 늘 기도할게.'라는 따뜻한 내용이 담겨 있었어요.

얼마 뒤에 온라인 커뮤니티를 통해 이 훈훈한 이야기가 알려지면서 많은 사람의 마음을 따뜻하게 만들었어요.

층간 소음의 원인은 다양하고 문제 해결도 쉽지 않아요. 모두가 사는 공동 주택에서 층간 소음 갈등을 줄일 수 있는 방법은 무엇일까요?

자신의 생각을 적어 보세요.

Day 24. 사회

# 별이야, 딩동댕 유치원에 온 걸 환영해

◆ 키워드 : 문화적 다양성, 소수자, 콘텐츠

EBS의 어린이 프로그램인 '딩동댕 유치원' 속 어린이 캐릭터 '별이'는 자폐 스펙트럼 장애가 있는 어린이입니다. 별이는 수많은 자동차 장난감 이름을 척척 알아맞힐 정도로 자동차를 좋아하지만 실제 자동차의 경적을 들으면 몸과 팔을 흔들며 매우 예민하게 반응합니다.

2022년부터 딩동댕 유치원은 프로그램의 **문화적 다양성**을 확대하기 위해 자폐 스펙트럼 장애가 있는 별이를 비롯해 다문화 가정에서 자란 마리, 유기견 댕구 등을 등장시켜 이들이 서로 어울리는 모습을 보여 주고 있습니다.

과거 딩동댕 유치원에는 주로 장애가 없고, 한국인이며, 부모님과 함께 사는 어린이 캐릭터가 등장했습니다. 하지만 우리 주변에는 한 부모 가족, 이혼 가정 등 다양한 형태의 가족이 존재합니다. 또 장애인, 외국인, 노인 등 다양한 특성을 가진 사람들이 함께 살아가고 있습니다.

딩동댕 유치원을 만드는 제작진은 **소수자**가 등장하지 않는 딩동댕 유치원이 우리가 사는 세상을 제대로 보여 주지 못한다고 생각했습니다. 장애가 있는 어린이가 딩동댕 유치원을 본다면 세상엔 온통 장애가 없는 어린이만 있다고 생각하고 위축될 수 있습니다.

이런 이유로 딩동댕 유치원 제작진은 다양한 성장 배경을 가진 어린이를 등장시키기로 했습니다. 이러한 **콘텐츠**를 통해 아이들이 자연스럽게 문화적 다양성을 받아들이고 더불어 살아가는 가치를 배우게 하려는 것입니다.

### 핵심 주제 파악하기

**딩동댕 유치원 제작진은 문화적 다양성을 보여 주는 콘텐츠를 만들기 위해 노력하고 있다.**

### 배경 지식 넓히기

#### 소수자는 어떤 사람을 말해요?

소수자는 사회적으로 주류에 속하지 못하는 사람을 가리키는 말이에요. 단순히 인구수가 적다고 해서 소수자라고 하는 것은 아니에요. 소수자는 사회에서 경제적, 정치적 권력이나 사회적 자원이 부족해서 힘이 약한 사람들을 말해요. 즉 장애인, 이주 노동자, 노인, 어린이 등 신체적, 문화적으로 다른 사람과 다르다는 이유로 차별받는 사람들을 소수자라고 할 수 있어요.

### 어휘력 높이기

✦ **자폐 스펙트럼 장애**
상호 작용이나 의사소통 발달이 정상적으로 이뤄지지 않는 장애.

✦ **유기견**
키우다 내다 버린 개.

✦ **한 부모 가족**
부모 중 한 쪽과 그 자녀만으로 이뤄진 가족.

✦ **위축되다**
자신감이 줄어들거나 기를 펴지 못하고 움츠러들다.

## Day 25. 경제

# '눈 뜨고 코 베이는' 아이스크림 가격의 비밀

◆ 키워드 : 담합, 과징금, 소비자

우리나라에서 아이스크림을 가장 많이 만들어 파는 4개 기업이 모여 2016년 2월에 영업 경쟁을 금지하고, 가격과 납품 조건 등을 함께 정하기로 합의했습니다. 공정거래위원회 조사에 따르면, 2017년과 2018년에 빠삐코, 폴라포, 탱크보이 등 튜브형 아이스크림 가격은 200원씩 올랐고, 2019년에는 대형 마트에 공급하는 아이스크림 가격이 동시에 20퍼센트(%) 인상됐습니다.

공정거래위원회는 아이스크림 기업들이 2016년 2월부터 2019년 10월까지 약 4년간 다양한 형태의 **담합**을 통해 아이스크림의 가격을 올리고, 시장 질서를 무너뜨렸다며 1350억 원의 **과징금**을 부과했습니다. 담합은 기업들이 경쟁하는 대신 함께 가격을 올리는 식으로 공동 행동을 하며 부당한 이득을 얻는 것을 말합니다.

기업들은 더 좋은 품질의 제품을 더 싸게 팔기 위해 치열하게 경쟁합니다. 그래야 **소비자**에게 선택받을 수 있기 때문입니다. 그런데 기업들이 함께 가격을 올리기로 약속하면 소비자는 울며 겨자 먹기로 비싼 가격에 물건을 살 수밖에 없습니다. 문제는 이런 피해를 보는데도 소비자는 담합이 적발될 때까지 피해 사실을 알지 못한다는 점입니다.

공정거래위원회는 앞으로도 기업이 공정하게 경쟁하도록 엄격하게 단속할 것이라고 밝혔습니다.

### 핵심 주제 파악하기

> 공정거래위원회는 아이스크림 기업들이 담합으로 시장의 질서를 무너뜨렸다며 과징금을 부과했다.

### 배경 지식 넓히기

**불공정 거래 행위가 뭐예요?**

'불공정'이란 불공평하거나 옳지 않은 것을 말해요. 그러니까 불공정 거래 행위는 공정하지 않거나 옳지 않은 방법으로 거래하며 자유로운 시장 경쟁을 해치는 행위예요. 담합, 허위·과장 광고 같은 것이 모두 불공정 거래 행위에 속해요. 불공정 거래 행위는 소비자의 선택권을 침해하고, 경쟁 기업에도 피해를 줘요. 이 때문에 기업이 불공정 거래 행위를 하면 정부 기관인 공정거래위원회가 나서서 법을 위반했는지 살펴보고 잘못된 행위를 바로잡아요.

### 어휘력 높이기

✦ **담합**
비밀리에 미리 짜고 약속하는 행위.

✦ **과징금**
법에서 정한 의무를 지키지 않았을 때 내는 돈.

✦ **울며 겨자 먹기**
맵다고 울면서 겨자를 먹는다는 뜻으로, 싫은 일을 억지로 함.

✦ **적발되다**
숨겨져 있는 일이나 드러나지 않은 것이 들춰지다.

Day 26. 사회

# 법을 비웃는 아이들이 있다?

✦ 키워드 : 촉법소년, 소년법, 보호 처분

2024년 6월, 만 11세 A 군은 70대 아파트 경비원과 말다툼을 벌였습니다. 경비원이 A 군에게 위험하니 차량이 다니는 아파트 입구에서 놀지 말라고 주의를 준 것에서 시작된 말다툼이었습니다. 이 모습을 지켜본 40대 B 씨가 A 군을 꾸짖자 A 군은 B 씨를 공격했습니다. 결국 이 일로 A 군은 경찰에 붙잡혔습니다.

그러나 A 군은 만 14세가 되지 않은 '**촉법소년**'이라 형사 처벌을 받지 않았습니다. 촉법소년은 만 10세 이상 14세 미만의 청소년으로, 형법상 형사 처벌 대신 **소년법**에 따라 **보호 처분**을 받습니다. 보호 처분은 범죄를 저지른 청소년들을 보호하고 교육해 다시 범법 행위를 하지 않도록 돕는 제도입니다.

최근 촉법소년 범죄가 늘어나면서 촉법소년 제도에 대한 논란이 커지고 있습니다. 촉법소년의 수는 2018년 7364명에서 2024년 2만 814명으로, 3배 가까이 증가했습니다. 특히 절도, 폭력 등 중대한 범죄를 저지른 촉법소년이 크게 늘었습니다.

촉법소년 제도는 원래 범죄로부터 청소년을 보호하고 교육하는 취지이지만 이를 악용하는 청소년이 늘면서 촉법소년 제도를 없애거나 기준 나이를 낮춰야 한다는 목소리가 높아지고 있습니다.

법무부는 촉법소년 기준 나이를 만 14세 미만에서 만 13세 미만으로 낮추는 방안을 추진했으나 국회에서 아직 법 개정안이 통과되지 않았습니다.

## 핵심 주제 파악하기

"최근 촉법소년 범죄가 늘어나면서 촉법소년 제도에 대한 논란이 커지고 있다."

## 배경 지식 넓히기

### 소년법이 뭐예요?

범죄를 저질렀을 때 처벌하는 형벌을 정한 법은 형법이에요. 하지만 범죄를 저지른 미성년자는 소년법을 적용받아요. 소년법에서는 범죄를 저지른 청소년에게 형사 처분보다는 보호 처분을 원칙으로 하고, 형사 처분을 해야 할 경우에도 특별한 규칙을 적용하고 있어요. 청소년이 잘못된 길로 빠지지 않도록 보호하고, 가르치고, 이끌어서 좋은 방향으로 나아가게 하는 것을 목적으로 하기 때문이에요. 소년법에 따라 처분을 받은 청소년은 전과 기록이 남지 않아요.

## 어휘력 높이기

✦ **촉법소년**
법을 어긴 만 10세 이상 14세 미만의 소년.

✦ **보호**
미성년자나 약자가 위험에 처하지 않도록 잘 보살피고 돌보는 것.

✦ **범법 행위**
법을 어기는 행위.

✦ **악용하다**
어떤 것을 나쁜 목적이나 잘못된 방식으로 이용하다.

Day 27. 찬반 토론

# 촉법소년 처벌 강화해야 할까?

**찬성 입장**

**촉법소년의 기준 나이를 낮추고 처벌을 강화해야 해요.**

매년 빠른 속도로 증가하는 촉법소년 범죄를 예방하기 위해선 제대로 된 처벌이 필요해요. 최근 살인·성폭행 등 강력 범죄를 저지르는 촉법소년이 크게 늘고 있어요. 저출생으로 청소년 수가 계속 줄어들고 있는데도 이들의 범죄가 느는 까닭은 중대한 범죄를 저질러도 제대로 처벌받지 않기 때문이에요. 청소년들이 범죄를 저질렀을 때 제대로 된 처벌을 받을 수 있게 된다면 많은 청소년이 범죄를 저지르기 주저하게 될 거예요.

또한 우리나라의 촉법소년 기준 나이는 1953년에 정한 것으로, 지금의 달라진 사회 환경을 반영하지 못해요. 요즘은 미디어와 인터넷의 발달로 청소년이 범죄 정보를 쉽게 접할 수 있어요. 그래서 과거보다 쉽게 범죄를 학습하고 실행할 수 있지요. 청소년 중 일부는 자신이 법적인 처벌을 받지 않는다는 점을 알고 고의로 범죄를 저지르기도 해요. 단지 나이가 어리다는 이유로 처벌하지 않으면 청소년들이 잘못을 뉘우치지 못하고 상습 범죄자가 될 수도 있어요.

### 촉법소년의 처벌을 강화하는 것은 촉법소년 제도 취지에 어긋나요.

사람은 자라는 환경에 영향을 많이 받아요. 특히 촉법소년은 제대로 배울 기회가 부족해 범죄를 저지르는 경우가 많아요. 가정 폭력, 학교 폭력, 입시 위주의 교육 환경 등 사회적인 유해 환경이 청소년 범죄에 큰 영향을 미쳐요. 이런 환경적 문제는 청소년이 올바른 가치관을 형성하고 사회에 적응하는 데 어려움을 줘 범죄로 이어지기도 해요.

사회는 범죄를 저지른 청소년에게 반성하고 배울 기회를 주며, 다시 건강한 사회인이 될 수 있도록 도와야 할 책임이 있어요. 처벌을 강화하거나 촉법소년 기준 나이를 낮출 경우, 실수로 범죄를 저지른 어린 청소년이 사회에 적응하기 어려워질 거예요. 이들이 학교와 사회에 적응하지 못하면 다시 범죄를 저지를 위험이 커지고, 결국 사회 안전에도 부정적 영향을 미칠 수 있어요.

따라서 청소년 범죄 예방에는 처벌보다는 스스로 자기 죄를 반성하고, 바른 가치관을 가질 수 있도록 교육하는 것이 중요해요. 또한 청소년이 건강하게 생활할 수 있는 환경을 만드는 것이 사회 전체의 안전을 지키는 데 더 효과적이에요.

# 가야 무덤, 세계 문화유산이 되다

✦ 키워드 : 삼국 시대, 가야, 세계 문화유산

**삼국 시대** 우리나라 남부 낙동강 하류 유역에는 금관가야, 아라가야, 고령가야, 대가야, 성산가야, 소가야 등 여섯 **가야**가 있었습니다. 이 여섯 가야는 김수로왕이 세운 금관가야를 중심으로 '연맹 국가'로 발전했습니다. 가야는 품질 좋은 철이 풍부해 '철의 왕국'으로 불렸는데, 주변 나라에서 가야의 철을 얻기 위해 낙동강 근처로 몰려들 정도였습니다. 또한 발달한 문물을 일본에 전하기도 했습니다.

당시 가야와 경쟁하던 신라, 고구려, 백제는 한 명의 왕이 나라 전체를 통치하는 강력한 왕권 국가로 발전했지만 가야는 연맹 국가를 벗어나지 못했습니다. 결국 가야는 강력한 중앙 집권 국가로 발전하지 못하고 신라의 침략으로 멸망했습니다.

그 뒤 가야는 우리 역사에서 오랫동안 주목받지 못했습니다. 하지만 가야의 지배 계층이 묻힌 수많은 고분이 영남, 호남 지역에서 발견되면서 가야 연구가 활발하게 이뤄지기 시작했습니다. 여섯 나라가 연맹을 맺어 하나의 나라처럼 움직이고, 주변 국가와 활발하게 교류했던 가야가 분명한 국가였다는 사실도 인정받았습니다. 2023년에는 '가야 고분군'이 **세계 문화유산**으로 지정되었습니다. 유네스코(UNESCO)는 가야 고분군이 동아시아 고대 문명의 다양성을 보여 주는 중요한 증거로서, 탁월한 가치를 지닌다고 평가했습니다.

### 핵심 주제 파악하기

> 가야 고분군이 세계 문화유산으로 지정되면서 오랫동안 주목받지 못한 가야 연구가 활발해졌다.

### 배경 지식 넓히기

**여섯 가야를 처음 세운 왕은 누구인가요?**

여섯 가야를 다스린 왕들에 관한 이야기는 『삼국유사』 속 「가락국기」에서 찾아볼 수 있어요. 「가락국기」에 따르면, 서기 42년 한반도 남쪽 낙동강 유역에서 제사를 지내는 사람들은 하늘에서 붉은 보자기에 싸인 황금 상자가 내려오는 신비로운 모습을 보았어요. 상자 안에는 6개의 알이 있었어요. 그 알에서 차례로 6명의 남자아이가 태어났고, 그중 첫째 아이가 김수로예요. 이 아이들이 자라 각각 나라를 세워 여섯 가야의 왕이 됐다고 해요.

### 어휘력 높이기

✦ **연맹**
공동의 목적을 가진 단체나 국가가 행동을 함께할 것을 약속함.

✦ **고분**
고대에 만들어진 무덤.

✦ **영남, 호남**
영남은 경상남도와 경상북도를, 호남은 전라남도와 전라북도를 아울러 이르는 말.

✦ **교류하다**
문화나 사상 따위를 서로 통하게 하다.

# 왜 사국 시대가 아니고 삼국 시대일까?

## 생각 넓히기

# 가야를 빼고 '삼국 시대'라고 부르는 게 맞을까요?

우리 역사에서 4세기 초에서 7세기 중엽까지의 시기를 '삼국 시대'라고 불러요. 여기서 말하는 삼국은 고구려, 백제, 신라예요. 그런데 이 시기 한반도에는 고구려, 백제, 신라 말고도 가야라는 나라도 있었어요. 낙동강 유역에 세워진 가야는 한때 낙동강 유역을 넘어 경상북도 내륙 지역까지 영토를 넓혔을 정도로 위세가 대단했어요. 가야의 역사도 500년 이상 이어졌지요.

하지만 가야는 고구려, 백제, 신라에 비해 주목받지 못했어요. 가야에 대한 가장 오랜 기록은 고려 때 쓰인 역사서 『삼국유사』와 『삼국사기』에 남아 있어요. 하지만 이마저도 몇 줄뿐이에요. 기록이 많지 않아 가야에 관한 연구도 제대로 이뤄지지 않았어요.

그런데 1980년대 이후 가야의 고분이 대거 발굴됐어요. 그 후 가야에 대한 관심이 높아졌고, 연구도 활발해졌어요. 2023년에 7개의 가야 고분군이 유네스코(UNESCO) 세계 유산에 등재되면서 가야는 한반도 고대 역사의 한 축으로 떠올랐어요.

그런데도 가야를 인정하지 않고 '삼국 시대'라고 불러야 할까요?

자신의 생각을 적어 보세요.

Day 30. 사회

# 건강하게 자라렴, 복덩이 다섯 쌍둥이

✦ 키워드 : 출산 육아 지원금, 저출산, 대책

2024년 9월, 경기도 동두천시에 사는 한 부부가 남자아이 3명, 여자아이 2명을 출산해 화제가 됐습니다. 다섯 쌍둥이가 태어나는 건 매우 드문 일입니다.

아이들이 건강하게 자라길 바라는 마음에서 지역 사회와 사회 곳곳에서 다양한 지원이 쏟아졌습니다. 다섯 쌍둥이의 부모는 출산 장려금, 산후조리비, 의료비 지원, 급여, 아동 수당 등 총 1억 7000만 원 이상의 **출산 육아 지원금**을 받게 됐습니다.

다섯 쌍둥이를 출산한 부부가 이렇게 많은 출산 육아 지원금을 받은 이유는 우리나라의 **저출산** 문제가 무척 심각하기 때문입니다. 실제로 2024년 우리나라 합계 출산율은 0.72명으로, 2015년 1.24명에서 8년 연속 줄어들었습니다.

지속적인 저출산은 여러 가지 국가적 문제로 이어집니다. 새로 태어난 인구가 줄어든 만큼 20년 후에는 청년 세대가 줄어들 수밖에 없습니다. 청년은 가장 활발하게 일하며 소비하고, 나라에 세금을 내는 세대입니다. 청년 인구가 줄면 일할 사람이 줄어들고, 적은 수의 청년이 많은 수의 노인을 돌봐야 합니다. 이에 따라 나라의 경제도 휘청이게 됩니다. 또 아이가 줄어들면 어린이집, 유치원, 소아 청소년과 병의원 등 관련 시설도 자연스럽게 줄어들어 양육 환경도 나빠집니다. 그렇게 되면 아이를 키우는 일이 더 힘들어져 출산을 꺼리게 됩니다.

이를 막고자 우리나라는 충분한 출산 육아 지원금뿐만 아니라 육아 휴직 기간을 대폭 늘리고, 양육 시설을 확충하는 등 다양한 저출산 **대책**을 마련하고 있습니다.

**핵심 주제** 파악하기

" 저출산 문제가 심각한 우리나라는 다양한 저출산 대책을 마련하고 있다. "

**배경 지식** 넓히기

### 다른 나라도 저출산 문제가 심각한가요?

출산율 감소는 세계적인 현상으로, 선진국일수록 심각해요. 2023년 세계 합계 출산율은 2.3명이지만 선진국의 합계 출산율은 1.5명에 불과했어요. 선진국일수록 출산율이 낮은 것은 여성의 사회적 지위가 높아졌기 때문이에요. 여성들이 경제 활동을 하면서 가사와 육아에 쓸 시간이 그만큼 줄어든 거예요. 또한 경제적 부담과 가치관의 변화 등으로 결혼에 대한 부담이 커진 젊은 세대가 결혼과 출산을 기피하면서 출산율이 더욱 낮아지고 있어요.

**어휘력** 높이기

✦ **출산 육아 지원금**
아이를 낳고 키우는 데 드는 경제적 부담을 줄여 주기 위해서 정부, 지방 자치 단체, 공공 기관 등이 지급하는 돈.

✦ **저출산**
아이를 적게 낳음. 또는 그런 상태.

✦ **세대**
같은 시대를 살면서 비슷한 의식을 가지는 비슷한 연령층의 사람.

✦ **휘청이다**
흔들리거나 어려운 일에 부딪혀 앞으로 나아가지 못하고 주춤거리다.

Day 31. 과학

# 우주에 등장한 돛단배

◆키워드 : 태양 돛, 광자, 우주 산업

**태양 돛**은 연료를 사용하지 않고 오랜 시간 우주를 탐사할 수 있는 기술입니다. 2025년, 한국항공우주연구원은 우주 공간에서 가로세로 10미터(m) 크기로 펼쳐지는 '태양 돛'을 개발했습니다.

태양 돛은 돛단배가 움직이는 원리를 우주선에 적용한 것입니다. 돛단배가 돛의 너비와 방향을 조절하며 바람의 힘으로 움직이는 것처럼, 태양 돛은 태양에서 방출되는 작은 빛 입자인 **광자**가 돛에 부딪히면서 발생하는 에너지를 이용해 우주선을 움직입니다.

이번에 한국항공우주연구원에서 개발한 태양 돛은 무게도 가볍고, 접었다 펼 수도 있어 작은 우주선에도 달 수 있습니다. 이 기술은 우주 탐사 비용을 낮출 수 있을 뿐만 아니라 더 먼 우주 공간을 탐사할 수 있어 우리나라의 **우주 산업** 발전에 중요한 역할을 할 것으로 기대됩니다.

**핵심 주제 파악하기**

"2025년, 한국항공우주연구원에서 우주 공간에서 가로세로 10미터 크기로 펼쳐지는 태양 돛을 개발했다."

**배경 지식 넓히기**

### 우주선은 우주에서 어떻게 움직여요?

우주는 공기가 없는 진공 상태이기 때문에 우주에서는 어떤 물체든 한번 속도가 붙으면 새로운 충격이 없는 이상 계속 일정한 속도로 움직여요. 공기가 물체의 움직임을 방해하지 않기 때문이지요. 그래서 우주선이 정해진 궤도에 진입하면 연료를 태우지 않아도 움직여요. 다만 방향을 바꾸거나 회전할 때는 추진 장치에서 연료를 태워 가스를 뿜어내며 우주선을 움직여야 해요.

**어휘력 높이기**

✦ **방출**
입자나 전자기파의 형태로 에너지를 내보냄.

✦ **에너지**
물체를 움직이거나 일을 하게 만드는 힘.

✦ **우주 산업**
우주선이나 인공위성 개발 등 우주 개발하는 데 필요한 여러 가지를 만드는 산업.

✦ **탐사하다**
알려지지 않은 사물이나 사실 따위를 샅샅이 조사하다.

Day 32. 정치

# 북한에서 '삼천 리'와 '금수강산'이 사라졌다?

✦ 키워드 : 남북통일, 한민족, 적대국

'무궁화 삼천 리 화려 강산'
애국가의 후렴구에 등장하는 이 가사는 한반도 최남단 마라도부터 최북단 함경북도 온성까지의 약 3000리가 아름다운 강과 산으로 가득하다는 의미입니다.

그런데 2024년에 북한은 '삼천 리 아름다운 내 조국'이라는 애국가의 가사를 '이 나라 아름다운 내 조국'이라고 바꿨습니다. 그리고 모든 노래와 책에서도 삼천 리, 금수강산 등 **남북통일**과 **한민족**을 연상시키는 단어를 모조리 지웠습니다. 더 나아가 북한은 학교 교실에 걸어 두던 한반도 지도를 없애고 더 이상 학생들에게 통일 교육도 하지 않기로 했습니다.

북한이 이런 조치를 취한 것은 남북 관계가 크게 악화되면서 북한이 통일 정책을 폐기했기 때문입니다. 남과 북은 오랜 기간 '통일'을 공동의 목표로 세우고 남과 북이 다시 하나가 될 수 있는 구체적인 방안을 논의해 왔습니다. 하지만 북한은 이제 대한민국을 통일의 대상으로 보지 않습니다. 심지어 '대한민국은 철저한 **적대국**'이라는 내용으로 헌법을 고치기까지 했습니다.

이러한 북한의 변화로 남과 북이 함께 밟아 나갔던 통일을 향한 발걸음이 늦춰지고 있습니다. 남과 북을 이어 주던 도로는 폭파돼 사라졌고, 이산가족은 다시 만날 수도 없습니다. 남과 북의 선수들이 국제 스포츠 무대에서 한반도기를 함께 흔들며 공동 입장하던 장면은 다시 볼 수 없을지 모릅니다. 그럼에도 우리나라는 여전히 통일을 위한 노력을 멈추지 않고 있습니다.

### 핵심 주제 파악하기

**2024년에 북한은 통일 정책을 폐기했고, 그 결과 통일을 향한 발걸음이 늦춰지고 있다.**

### 배경 지식 넓히기

**우리나라 헌법에선 북한을 어떻게 표현하나요?**

우리나라 헌법 제3조에는 '대한민국의 영토는 한반도와 그 부속 도서로 한다.'라고 적혀 있어요. 휴전선 이남의 남한뿐만 아니라 북한의 영토도 대한민국의 영토로 보는 거예요. 따라서 우리에게 북한은 외국이 아니에요. 다만 국제 사회는 북한도 하나의 나라로 인정하고 있어요. 그래서 1991년에 남북이 동시에 국제 연합(UN)에 가입할 수 있었지요.

### 어휘력 높이기

✦ **최남단**
어떤 지역에서 남쪽의 맨 끝.

✦ **적대국**
서로 적으로 대하는 나라.

✦ **한반도기**
남한과 북한이 공동으로 사용하는 한반도의 형태가 그려진 깃발.

✦ **폐기하다**
못 쓰게 된 것을 버리거나 조약, 법령 따위를 무효로 하다.

# 우리나라 학생들은 통일을 원할까?

◆ 키워드 : 통일, 불필요

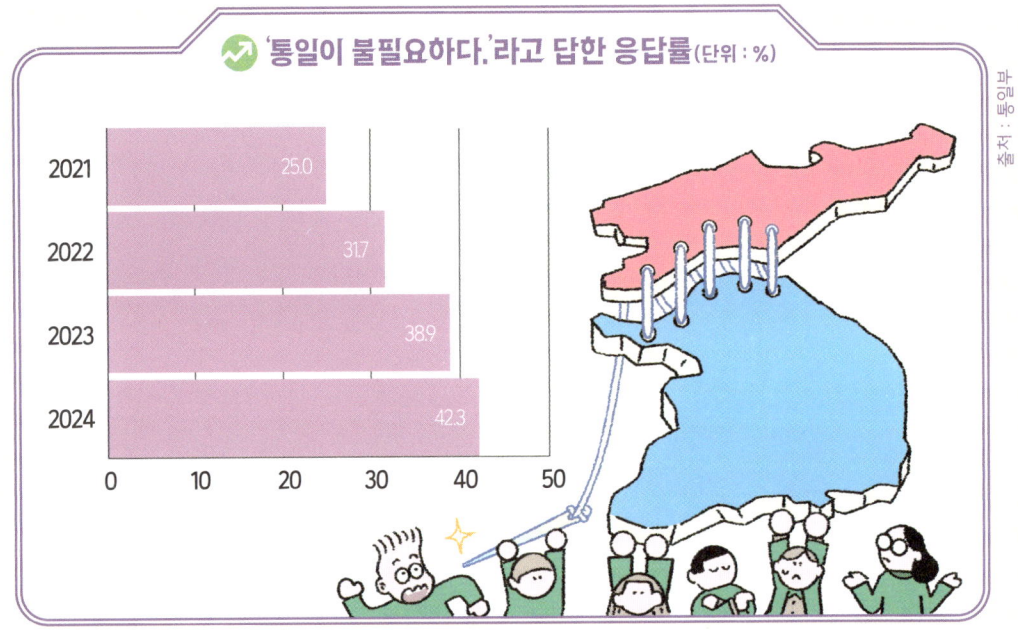

'통일이 불필요하다.'라고 답한 응답률 (단위 : %)

| 연도 | % |
|---|---|
| 2021 | 25.0 |
| 2022 | 31.7 |
| 2023 | 38.9 |
| 2024 | 42.3 |

출처 : 통일부

통일부가 실시한 '2024년 학교 통일 교육 실태 조사'에 따르면 학생 10명 중 4명은 통일이 불필요하다고 생각하는 것으로 나타났습니다. 초·중·고 775개교의 응답자 7만 4288명 중 42.3퍼센트(%)는 '통일이 불필요하다.'고 답했습니다.

통일에 대해 부정적으로 생각하는 학생들의 비율도 매년 늘고 있습니다. 2021년에는 25퍼센트였으나 2022년 31.7퍼센트, 2023년 38.9퍼센트로 꾸준히 늘었고, 2024년에는 처음으로 40퍼센트를 넘어섰습니다.

남북 관계 단절 상황이 계속되면서 북한과 통일에 대한 인식이 약화되고 있기 때문인 것으로 보입니다. 또 학생들은 통일 이후 발생할 사회적 문제와 경제적 부담 등을 우려하는 것으로 나타났습니다.

### 그래프 해석하기

**1) 막대그래프의 가로축인 x축과 세로축인 y축은 각각 무엇을 나타내나요?**

x축은 학생 7만 4288명 중 '통일이 불필요하다.'라고 대답한 학생의 비율, y축은 연도를 나타내요.

**2) 막대그래프가 나타내는 것은 무엇인가요?**

2021년부터 2024년까지 매년 초·중·고 학생의 통일에 대한 인식이 어떻게 달라졌는지 흐름을 보여 줘요. 응답자 중 '통일이 불필요하다.'라고 대답한 응답자가 매년 꾸준히 늘고 있어요.

**3) 기사에서 말하고자 하는 주제는 무엇인가요?**

'통일이 불필요하다.'라고 생각하는 초·중·고 학생의 비율이 해가 거듭될수록 늘어나고 있어요.

### 어휘력 높이기

✦ **통일부**
남북 관계나 통일에 대한 정책을 만드는 일을 하는 정부 부처.

✦ **응답자**
부름이나 물음에 응답하는 사람.

✦ **단절**
관계를 끊음.

✦ **불필요하다**
요구되는 바가 없다.

# 나 홀로 뚜벅뚜벅 남극을 횡단한 대장님

◆ 키워드 : 탐험가, 남극, 횡단

여성 **탐험가** 김영미 대장이 2025년 1월에 한국인 최초로 혼자서 **남극**을 **횡단**하는 데 성공했습니다.

남극의 겨울은 기온이 영하 90도까지 떨어지고, 눈보라가 10~50시간씩 이어질 때도 있습니다. 또한 눈바람에 주변이 온통 하얗게 보이는 '화이트아웃' 현상도 자주 일어납니다. 이런 혹독한 조건 속에서도 김영미 대장은 홀로 1730킬로미터(km)를 걸어서 남극을 횡단했습니다.

김영미 대장은 노르웨이 여성 탐험가가 쓴 남극 횡단기를 읽으며 탐험가의 꿈을 키웠습니다. 대학 시절에 산악 동아리에서 등산을 시작했고, 28세에 우리나라 최연소로 7대륙 최고봉을 모두 등반했습니다. 2013년에는 세계 최초로 히말라야 암푸 1봉을 등반했고, 2017년에는 724킬로미터에 이르는 러시아 바이칼호를 단독으로 종단하며 극지 탐험 경험을 쌓았습니다. 하지만 남극 단독 횡단은 그중에서도 가장 혹독하고 힘든 도전이었습니다.

김영미 대장은 혹한 적응 훈련부터 체력 훈련까지 1년간 강도 높은 훈련을 반복했습니다. 철저한 준비 덕분에 김영미 대장은 탐험 마지막 날에 16시간 53분 동안 62.91킬로미터를 쉬지 않고 걸으며 계획대로 모든 여정을 마칠 수 있었습니다.

**핵심 주제 파악하기**

"여성 탐험가 김영미 대장이 한국인 최초로 혼자서 남극을 횡단하는 데 성공했다."

**배경 지식 넓히기**

**역사에 중요한 발자취를 남긴 탐험가들은 누가 있을까요?**

탐험은 사람들이 아직 가 보지 않은 곳을 조사하거나 개척하기 위해 떠나는 도전적인 여행이에요. 15세기에 아메리카 대륙과 다른 대륙을 잇는 신항로를 개척한 콜럼버스, 최초로 남극점을 정복한 로알 아문센, 북극점을 탐험한 로버트 에드윈 피어리 등이 대표적인 탐험가예요. 이들은 모두 미지의 세계를 향한 모험과 도전으로 역사에 길이 남을 업적을 이뤘어요.

**어휘력 높이기**

✦ **횡단**
대륙이나 대양을 동서의 방향으로 가로 건넘.

✦ **최연소**
어떤 집단 가운데 가장 적은 나이.

✦ **종단**
남북으로 건너가거나 건너옴.

✦ **혹독하다**
매우 심하고 견디기 어려울 정도로 힘들거나 매섭다.

# 서천 염전, 다시 갯벌이 되다

✦ 키워드 : 갯벌, 역간척

최근 충청남도 서천군의 유부도 일대에 칠게, 버들갯지렁이, 황해비단고둥처럼 다양한 **갯벌** 생명체들이 모여들고 있습니다. 저어새와 넓적부리도요 같은 멸종 위기의 철새들도 자주 눈에 띕니다.

이곳은 원래 간척 사업으로 만든 염전이 있던 곳입니다. 수년 전에 염전 운영이 중단된 뒤 '버려진 땅'으로 남아 있었습니다. 그러나 갯벌로 복원되면서 해양 생태계의 보고로 되살아나게 된 것입니다.

정부는 2010년부터 전국 11개 지역에서 **역간척** 사업을 추진해 1.5제곱킬로미터($km^2$) 규모의 갯벌을 복원했습니다. 앞으로 2030년까지 갯벌 복원 면적을 10제곱킬로미터로 늘리는 것을 목표로 하고 있습니다.

우리나라는 1960년대부터 농사지을 땅과 공장을 건설할 땅을 늘리기 위해 대규모 간척 사업을 벌였지만 지금은 바닷물을 다시 끌어와 본래의 해양 생태계를 복원하기 위해 노력하고 있습니다.

과거에는 쓸모없는 땅이라고 여겨졌던 갯벌이 이제 다양한 가치로 주목받고 있습니다. 갯벌을 포함한 해양 생태계는 탄소를 흡수하고 저장하는 속도가 육상 생태계보다 월등히 빠르고 뛰어나 지구 온난화와 기후 변화 대응에 중요한 역할을 합니다. 갯벌은 바다로 흘러드는 오염 물질도 걸러 줍니다. 또 사람들은 갯벌에서 조개, 낙지, 게, 바지락 등 풍부한 해산물을 채취해 생계를 꾸립니다.

이렇게 복원된 갯벌은 생태계 보전뿐만 아니라, 지역 사회의 경제와 환경에 긍정적 영향을 미치고 있습니다.

### 핵심 주제 파악하기

❝ 과거 우리나라는 대대적인 간척 사업을 벌였지만 지금은 본래의 생태계를 복원하기 위해 노력하고 있다. ❞

### 배경 지식 넓히기

**갯벌은 어떤 곳일까요?**

바닷물이 육지 쪽으로 밀려 들어오는 것을 '밀물'이라고 해요. 반대로 바닷물이 바다 쪽으로 밀려 나가는 것을 '썰물'이라고 해요. 밀물일 때와 썰물일 때 바닷물의 높이가 달라지면서 바닷가의 모습도 다르게 보이지요. 밀물일 때 바다였다가 썰물일 때 드러나는 넓고 평평한 땅을 '갯벌'이라고 해요. 우리나라 서해안은 밀물과 썰물의 높이 차가 커서 갯벌이 넓게 발달했어요.

### 어휘력 높이기

✦ **염전**
바닷물을 말려서 소금을 얻기 위해 만든 넓고 평평한 땅.

✦ **생태계의 보고**
보고는 귀중한 것이 많이 간직돼 있는 곳을 비유적으로 이르는 말로, 다양한 생물이 함께 살아가는 자연환경을 의미함.

✦ **간척**
바다나 호수의 일부를 막고 흙이나 돌로 메워서 땅을 새로 만드는 것.

✦ **복원하다**
원래대로 회복하다.

# 매년 26만 톤씩 이산화 탄소 삼키는 갯벌

◆ 키워드 : 갯벌, 이산화 탄소, 저장

바닷속에 사는 조류는 광합성을 통해 **이산화 탄소**를 흡수합니다. 조류나 조류를 먹은 동물이 죽어 갯벌 속에 묻히면 생물과 함께 이산화 탄소가 저장됩니다. 이산화 탄소가 대기로 배출되지 않고 갯벌 속에 갇히는 것입니다.

서울대학교 지구환경과학부 김종성 교수와 연구팀이 2017년부터 2020년까지 4년간 우리나라 21개 갯벌의 모래와 진흙을 채취해 이산화 탄소 흡수량을 분석한 결과, 우리나라 갯벌은 매년 약 26만 톤(t)의 이산화 탄소를 흡수하는 것으로 나타났습니다. 이는 자동차 11만 대가 1년 동안 배출하는 이산화 탄소 양과 맞먹습니다. 이미 갯벌에 **저장**된 탄소의 양도 1300만 톤이나 됩니다. 갯벌이 막대한 양의 이산화 탄소를 자연적으로 흡수한다는 사실이 과학적으로 입증된 것입니다.

**핵심 주제 파악하기**

"갯벌이 막대한 양의 이산화 탄소를 흡수한다는 사실이 과학적으로 입증됐다."

**배경 지식 넓히기**

### 갯벌을 왜 보전해야 할까요?

갯벌에는 다양한 생물이 살아요. 갯벌에 사는 식물은 햇빛과 공기 중에 있는 이산화 탄소로 영양분을 만들어요. 그 덕분에 갯벌에는 이산화 탄소가 저장돼 지구 온난화를 막는 데 큰 도움을 줘요. 또 갯벌에는 게, 조개, 갯지렁이 같은 다양한 동물이 살아가고, 먹이가 풍부해 철새들이 모여들어요. 게다가 갯벌은 오염 물질을 걸러 주고, 태풍이나 해일이 닥쳤을 때 충격을 흡수해 피해를 줄여 주기도 하지요.

**어휘력 높이기**

✦ **조류**
물속에 사는 식물로, 파래나 김 같은 것을 말함.

✦ **광합성**
식물이 빛 에너지를 이용해 양분과 산소를 만들어 내는 것.

✦ **연간**
한 해 동안.

✦ **채취하다**
풀, 나무, 조개 등을 캐거나 베거나 해서 얻어 내다.

Day 37. 그래픽 뉴스

# 최고의 기후 악당은 누구일까?

◆ 키워드 : 온실가스, 탄소 배출량

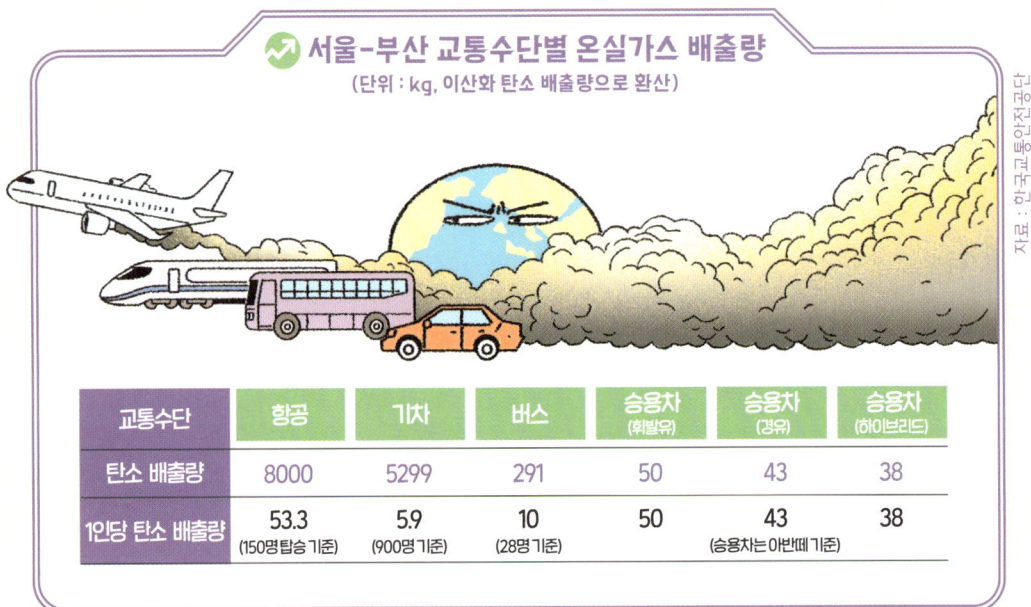

서울-부산 교통수단별 온실가스 배출량
(단위 : kg, 이산화 탄소 배출량으로 환산)

| 교통수단 | 항공 | 기차 | 버스 | 승용차 (휘발유) | 승용차 (경유) | 승용차 (하이브리드) |
|---|---|---|---|---|---|---|
| 탄소 배출량 | 8000 | 5299 | 291 | 50 | 43 | 38 |
| 1인당 탄소 배출량 | 53.3 (150명 탑승 기준) | 5.9 (900명 기준) | 10 (28명 기준) | 50 | 43 (승용차는 아반떼 기준) | 38 |

자료 : 한국교통안전공단

여러 가지 교통수단 가운데 지구 온난화의 주범인 **온실가스**를 가장 많이 뿜어내는 교통수단은 무엇일까요?

한국교통안전공단에 따르면, 같은 거리를 이동할 때 비행기는 승용차(휘발유)의 160배에 달하는 온실가스를 배출하는 것으로 나타났습니다.

비행기가 내뿜는 온실가스는 연간 **탄소 배출량**의 2퍼센트(%)에 달합니다. 이 때문에 환경 단체들은 비행기를 '기후 악당'이라고 부릅니다. 하지만 항공사들은 전체 탄소 배출량이 아닌 1인당 탄소 배출량을 비교해야 한다고 주장합니다. 같은 거리를 이동할 때 비행기에 탄 승객 수만큼 각자 승용차를 타고 이동했다면 탄소 배출량에 큰 차이가 없다는 것입니다.

한편, 1인당 탄소 배출량이 가장 적은 교통수단은 철도로 나타났습니다.

### 그래프 해석하기

**1) 어떤 표인가요?**

서울에서 부산까지 이동할 때 각 교통수단이 내뿜는 이산화 탄소의 양을 보여 주는 표예요.

**2) 표를 보고 무엇을 알 수 있나요?**

총 탄소 배출량은 비행기, 기차, 버스, 승용차 순으로 많아요. 하지만 1인당 탄소 배출량을 기준으로 비교하면 비행기, 승용차, 버스, 기차 순으로 순서가 바뀌어요. 교통수단에 최대한 많은 사람이 타고 이동할수록 1인당 탄소 배출량이 줄어든다는 것을 알 수 있어요.

**3) 기사에서 말하고자 하는 주제는 무엇인가요?**

같은 거리를 이동할 때 비행기는 다른 교통수단에 비해 많은 온실가스를 배출해서 '기후 악당'으로 비판받고 있어요.

### 어휘력 높이기

✦ **지구 온난화**
지구의 평균 기온이 올라가는 현상.

✦ **온실가스**
이산화 탄소, 메탄처럼 대기를 오염시켜 지구 온도를 높게 유지하는 온실 효과를 일으키는 기체.

✦ **탄소 배출량**
이산화 탄소를 비롯한 온실가스를 대기 중으로 배출하는 양.

✦ **배출하다**
안에서 밖으로 내보내다.

Day 38. 경제

# 노인 무임승차 때문에 지하철이 적자라고?

◆ 키워드 : 무임승차, 고령화, 사회적 비용

65세 이상의 노인이 지하철을 무료로 이용할 수 있는 **무임승차** 제도가 최근 논란에 휩싸였습니다. 2024년 9월, 노인 무임승차 제도를 폐지하자는 내용의 법안이 국회에 발의되면서 논쟁에 불이 붙은 것입니다.

무임승차 제도는 1980년대부터 돈을 벌지 않는 노인들이 경제적 부담을 느끼지 않고 자유롭게 이동할 수 있도록 마련된 복지 정책입니다. 그런데 빠른 **고령화**로 65세 이상 인구가 크게 늘면서 전국 대부분의 지하철이 운영 적자를 기록하자 무임승차 혜택이 사회적 문제로 떠올랐습니다.

서울시 지하철을 운영하는 서울교통공사는 2023년 한 해 동안 무임승차로 약 3663억 원의 손실을 입었다고 발표했습니다. 현재 15~20퍼센트(%) 수준인 무임승차 승객 비중이 2030년에는 30퍼센트 이상으로 늘어날 것이라는 전망도 있어 지하철 운영 적자는 더 커질 것으로 보입니다.

하지만 무임승차 제도를 폐지하면 더 큰 **사회적 비용**이 발생할 수 있다는 우려의 목소리도 있습니다. 한국교통연구원의 연구에 따르면, 요금 부담 없이 지하철을 이용할 수 있게 되면서 노인들의 우울증과 교통사고가 크게 줄었고, 병원비 부담도 덩달아 감소한 것으로 나타났습니다.

이에 따라 무임승차가 가능한 나이를 70세 이상으로 올려야 한다는 주장을 비롯한 다양한 개선 방향이 논의되고 있습니다.

### 핵심 주제 파악하기

> 65세 이상 인구가 크게 늘면서 전국 대부분의 지하철이 큰 손실을 입자 무임승차 혜택이 사회적 문제로 떠올랐다.

### 배경 지식 넓히기

**지하철이 운영 적자를 내면 어떤 문제가 생겨요?**

지하철, 버스, 전기, 수도 등 우리 생활에 반드시 필요한 서비스를 공공 서비스라고 해요. 공공 서비스를 운영하는 기업을 공기업이라고 하지요. 공공 서비스의 가격은 정부와 지방 자치 단체가 해당 기업과 논의해 함께 결정해요. 가격을 함부로 올리면 시민들이 공공 서비스를 제대로 이용하지 못할 수 있기 때문이에요. 하지만 계속 적자가 나면 그 손실을 세금으로 메울 수밖에 없어요.

### 어휘력 높이기

**✦ 논쟁**
서로 다른 의견을 가진 사람들이 각자 자기의 주장을 논하고 다툼.

**✦ 복지**
국민 전체가 건강하고 행복한 삶을 살 수 있도록 나라에서 제공하는 것.

**✦ 적자**
벌어들인 돈보다 쓴 돈이 더 많아 손실을 낸 것.

**✦ 발의하다**
회의에서 심사하고 토의할 안건을 내놓다.

Day 39. 만평

## 노인은 스포츠 클럽 출입 금지?

## 생각 넓히기

### 안전을 위해 노인의 스포츠 클럽 이용을 막아도 될까요?

2024년, 68세인 A 씨는 서울의 한 스포츠 클럽에서 1년 회원권을 구매하려다가 거절당해 국가인권위원회에 인권 침해 여부를 가려 달라고 요청했어요. 해당 스포츠 클럽은 65세가 넘었다는 이유로 A 씨의 회원 가입을 거부했어요. A 씨는 스포츠 클럽의 이같은 정책은 나이를 빌미로 한 인권 침해라고 주장했지요. 그러자 스포츠 클럽은 나이가 많은 회원들이 사고로 다치는 일이 많아지면서 안전을 위해 65세 이상의 노인을 회원으로 받지 않는다고 반박했어요.

하지만 국가인권위원회는 나이가 많을수록 반드시 사고가 더 많이 발생하는 것은 아니라며 스포츠 클럽의 정책이 차별이라고 판단했어요. 그리고 늘어나는 '노 실버 존' 때문에 자칫 노인이 병에 취약하거나 체력이 약해 다른 사람에게 피해를 줄 수 있다는 부정적인 인식이 확산될 수도 있다고 지적했지요.

안전을 위해 노인의 스포츠 클럽 이용을 막아도 될까요?

❝ 자신의 생각을 적어 보세요.

Day 40. 역사

# 일제 강점기에 우리 민족의 국적은?

✦ 키워드 : 일제 강점기, 국적, 한일 병합 조약

'**일제 강점기** 우리 민족의 **국적**은 무엇이냐?'는 질문에 우리 국민은 대부분 '조선' 혹은 '대한민국'이라고 답할 것입니다. 하지만 역사학자들은 이 문제를 두고 오랫동안 논쟁을 이어 왔습니다.

1910년 8월 29일, 일본은 '**한일 병합 조약**'을 통해 조선을 강제로 병합하고 식민지로 삼았습니다. 일부 역사학자는 당시 조선인이 일본의 통치 아래 있었기 때문에 법적으로는 일본 국적을 가졌다고 주장합니다. 실제로 일제 강점기에 우리 땅을 빼앗겼고, 우리 말과 글을 자유롭게 쓸 수 없었으며, 일본이 벌이는 온갖 전쟁에 강제로 동원됐습니다. 이들은 1948년 대한민국 정부 수립을 대한민국의 시작으로 여깁니다.

하지만 다수의 역사학자는 일본이 강제적으로 체결한 한일 병합 조약은 무효라고 반박합니다. 한 나라가 다른 나라의 주권을 강제로 빼앗는 행위는 국제법적으로 무효이기 때문입니다. 또한 일본은 조선인을 일본 국민과 동등하게 대우하지 않았습니다. 일본 국적법은 조선에 적용되지 않았고, 기본 권리도 부여되지 않았습니다. 게다가 당시 우리 민족의 국적이 일본이었다면 독립을 위해 목숨을 바친 수많은 독립투사는 국가에 맞서 싸운 테러리스트가 되고, 일본이 저지른 온갖 만행이 정당화됩니다. 이들은 1919년에 수립된 대한민국 임시 정부가 대한민국의 시작이며 당시 우리 민족의 국적은 대한민국이라고 주장합니다.

실제로 우리나라 헌법은 '대한민국은 3·1 운동으로 건립된 대한민국 임시 정부의 법통을 계승한다.'고 명시하고 있습니다.

### 핵심 주제 파악하기

**다수의 역사학자는 1919년에 수립된 대한민국 임시 정부가 대한민국의 시작이며 일제 강점기 당시 우리 민족의 국적은 대한민국이라고 주장한다.**

### 배경 지식 넓히기

#### 대한민국 임시 정부는 어떤 일을 했을까요?

대한민국 임시 정부는 1919년 3·1 운동을 계기로 중국 상하이에 수립된 망명 정부예요. 1945년 광복 때까지 우리나라 독립운동을 조직적이고 체계적으로 이끌었어요. 나라의 근본이 되는 임시 헌법을 만들었으며, 나라의 이름을 대한민국으로 정했어요. 또한 한국광복군을 조직하고, 국제 사회에 독립의 필요성을 알리는 외교 활동을 했으며, 독립운동 자금을 조달하고, 독립신문을 발간했어요.

### 어휘력 높이기

✦ **일제 강점기**
한일 병합 조약이 발효된 1910년부터 1945년 8월 15일 광복 때까지 일제가 식민 통치한 기간.

✦ **국적**
한 나라의 구성원이 되는 자격.

✦ **테러리스트**
정치적인 목적을 위하여 계획적으로 폭력을 쓰는 사람.

✦ **계승하다**
물려받아 이어 나가다.

# 세계 인쇄술의 역사를 바꾼 직지심체요절

생각 넓히기

## 직지심체요절의 진짜 주인은 누구일까요?

세계에서 가장 오래된 금속 활자 인쇄본인 직지심체요절이 2023년에 프랑스국립도서관에서 일반인들에게 공개됐어요. 직지심체요절의 실물이 공개된 것은 1973년 이후 50년 만이에요.

직지심체요절은 1377년에 고려 우왕 때 백운 스님이 부처와 고승의 가르침, 대화, 편지 등에서 중요한 내용을 뽑아서 금속 활자로 찍어 만든 책으로, 2001년에 유네스코(UNESCO) 세계 기록 유산에 등재됐어요.

우리의 귀중한 보물인 직지심체요절은 대한 제국 시기에 우리나라에서 근무하던 프랑스 외교관이 소장하다가 프랑스로 가지고 갔어요. 우리나라는 직지심체요절을 돌려달라고 여러 번 요구했지만 프랑스는 약탈하거나 훔쳐 간 것이 아니라며 반환할 의무가 없다고 주장했어요. 게다가 우리나라에서 전시하게 해 달라는 요청마저 직지심체요절이 훼손될 수 있다는 이유로 거절했지요. 정작 우리 국민은 우리의 소중한 문화유산을 직접 볼 수 없어요.

 자신의 생각을 적어 보세요.

# Day 42. 사회

# 무적 파워 울타리, 스쿨 존을 지켜 줘!

✦ 키워드 : 방호 울타리, 스쿨 존, 의무화

2024년 9월, 부산광역시의 한 초등학교 앞에 노란색의 아주 튼튼한 울타리가 설치됐습니다. 이 울타리는 8톤(t) 무게가 나가는 큰 차가 시속 65킬로미터(km) 속도로 들이받아도 견딜 수 있게 만들어진 차량용 **방호 울타리**입니다. 보행로 200미터(m) 구간을 따라 설치돼 어린이와 시민을 안전하게 보호할 것으로 기대됩니다.

2024년 7월부터 개정된 도로교통법에 따라 **스쿨 존**에서 일어나는 교통사고를 막기 위한 방호 울타리 설치가 **의무화**됐습니다. 하지만 스쿨 존에 설치된 방호 울타리 대부분이 차량용이 아닌 것으로 밝혀졌습니다. 법에 스쿨 존에 설치한 방호 울타리가 차량용인지 보행자용인지 명확하게 규정되어 있지 않기 때문입니다. 차량용 방호 울타리는 튼튼하지만 가격이 비싼 탓에 대부분의 스쿨 존에는 가격이 싼 보행자용 방호 울타리가 설치됐습니다. 보행자용 방호 울타리는 사람이나 자전거가 도로를 함부로 건너지 못하게 막는 용도로 만들어져 인도로 돌진하는 차량을 막기는 역부족입니다. 실제로 2023년에 대전광역시의 한 스쿨 존에서 9세 어린이가 보행자용 방화 울타리가 있는 인도로 돌진한 차량에 치여 숨지는 사고가 발생했습니다.

전문가들은 스쿨 존의 안전을 실질적으로 확보하기 위해서는 차량용 방호 울타리 설치를 법으로 명확히 규정해야 한다고 지적합니다.

### 핵심 주제 파악하기

"전문가들은 스쿨 존에 차량용 방호 울타리를 설치하도록 법으로 명확히 규정해야 한다고 지적한다."

### 배경 지식 넓히기

#### 스쿨 존이 왜 필요해요?

어린이는 어른보다 몸집이 작고, 움직임이 빠르기 때문에 운전자 눈에 잘 띄지 않아 교통사고 위험이 높아요. 그래서 학교나 유치원처럼 어린이가 자주 다니는 시설 입구로부터 300미터 이내 구간을 스쿨 존으로 정해서 어린이를 특별히 보호해요. 스쿨 존에서는 차량 속도를 시속 30킬로미터 이하로 늦춰야 하며 신호를 반드시 지켜야 해요. 스쿨 존에서 신호나 제한 속도를 지키지 않아서 사고가 나면 일반 도로에서 사고가 났을 때보다 훨씬 무거운 처벌을 받아요.

### 어휘력 높이기

✦ **방호**
어떤 공격이나 해로부터 막아 지켜서 보호함.

✦ **보행자**
도로에서 자동차와 같은 탈것을 이용하지 않고 걸어서 이동하는 사람.

✦ **돌진**
거침없이 곧장 나아감.

✦ **시급하다**
몹시 절박하고 급하다.

# 스쿨 존 사고 가해자 처벌을 강화해야 할까?

**스쿨 존에서 교통사고를 낸 운전자를 지금보다 강력하게 처벌해야 해요.**

스쿨 존에서 어린이가 사고로 숨지는 일은 매우 안타까운 일이에요. 스쿨 존 사망 사고를 낸 사람은 최대 무기 징역까지 선고받을 수 있어요. 하지만 실제로 스쿨 존 사망 사고를 낸 사람들은 이보다 훨씬 가벼운 처벌을 받아요. 2022년 12월에 술에 잔뜩 취한 상태로 운전하다 서울의 한 초등학교 앞 스쿨 존에서 9세 어린이를 들이받아 숨지게 한 운전자는 징역 5년형을 최종 선고받았어요. 또 2023년에 대전에서 역시 술에 취해 차를 몰다가 스쿨 존에서 9세 어린이를 치어 숨지게 한 운전자는 1심과 2심에서 징역 12년을 선고받았어요.

스쿨 존 사고는 끊이지 않고 발생하고 있어요. 2019년 567건이었던 스쿨 존 어린이 교통사고는 2023년 486건으로 약 14퍼센트(%) 줄었어요. 하지만 같은 기간 어린이 인구가 약 14퍼센트 줄었다는 것을 감안하면 실제로 사고가 줄었다고 보기 어려워요. 어린이의 안전을 위해 스쿨 존에서 사고를 낸 운전자를 강력히 처벌해야 해요.

### 반대 입장

**스쿨 존에서 교통사고를 낸 운전자를 더 강력하게 처벌할 필요는 없어요.**

스쿨 존에서 발생하는 교통사고는 처벌이 약해서가 아니라 법을 지키지 않는 일부 운전자와 보행자들 때문에 발생해요. 스쿨 존에서 교통사고를 일으킨 운전자는 다른 도로에서 사고를 냈을 때보다 훨씬 더 무거운 처벌을 받지요. 게다가 스쿨 존 사고가 운전자 탓만은 아니에요. 어린이가 갑작스럽게 도로를 건너거나 안전 규칙을 지키지 않아서 일어나는 사고도 많아요. 운전자와 보행자 모두 교통 규칙을 철저히 지키는 문화가 자리 잡아야 어린이 교통사고를 줄일 수 있어요. 또한 차량용 방호 울타리나 보행자 전용 통로 같은 안전시설이 부족한 스쿨 존도 많아요. 안전시설을 잘 갖추면 사고 위험을 크게 줄일 수 있어요. 결국 어린이의 안전을 지키기 위해서는 처벌을 강화하기보다는 법과 규칙을 지키는 시민 의식, 충분한 안전시설 그리고 무엇보다 어린이의 안전을 가장 중요하게 여기는 사회 분위기가 만들어져야 해요.

Day 44. 사회

# 북촌 한옥 마을은 오후 5시부터 출입 금지!

◆ 키워드 : 관광객, 통행금지, 젠트리피케이션

시계가 오후 5시를 가리키면, 북촌 한옥 마을을 가득 채웠던 관광객이 하나둘씩 발걸음을 돌립니다. 하루 종일 북적이던 골목은 점차 조용해지고, 마을은 다시 평온을 되찾습니다.

서울특별시 종로구 가회동 북촌 한옥 마을 일대에서 2024년 11월부터 '야간 통행금지' 제도가 시행되고 있습니다. 이 제도는 매일 오후 5시부터 다음 날 오전 10시까지 관광객이 북촌 한옥 마을의 주거 구역을 다니지 못하도록 단속하는 것입니다. 이를 어기면 10만 원의 과태료가 부과됩니다.

북촌 한옥 마을에 통행금지 제도가 생긴 까닭은 관광객이 몰리면서 여러 문제가 생겼기 때문입니다. 하루 종일 시달리는 소음, 골목 곳곳에 쌓이는 쓰레기, 주차난, 집 마당까지 들어와 사진을 찍는 관광객 때문에 주민들은 생활에 큰 불편을 겪었습니다.

또한 관광객을 위한 숙박 시설과 상점이 많아지면서 임대료가 크게 상승했고, 높은 임대료를 감당하지 못한 원주민이 마을을 떠나는 '젠트리피케이션' 현상까지 나타났습니다. 이 여파로 2019년 약 4400명이던 주민 수가 2024년 말에는 약 3800명으로 줄어들었습니다.

야간 통행금지 시행 이후에 북촌 한옥 마을 주민들의 삶의 질은 눈에 띄게 좋아졌습니다. 종로구에 따르면, 2018년부터 2023년까지 소음과 쓰레기 문제에 대한 민원이 1804건에 달했으나 야간 통행금지를 시행한 뒤에는 민원이 거의 사라졌다고 합니다. 많은 주민이 야간 통행금지에 만족하고, 평화로운 생활을 되찾았다고 말합니다.

### 핵심 주제 파악하기

> 2024년 11월부터 북촌 한옥 마을 일대에서 '야간 통행금지' 제도가 시행되고 있다.

### 배경 지식 넓히기

#### 젠트리피케이션은 왜 생겨요?

'젠트리피케이션'은 한 지역의 상권이 발달하면서 높아진 임대료를 감당하지 못한 원주민이 밀려나는 현상을 말해요. 관광객이 몰리는 곳에는 숙박 시설과 상점이 늘어나요. 오가는 사람이 많아지면 임대료가 오르고, 원래 그 지역에 살던 주민들의 주택 임대료도 덩달아 오르지요. 경제적 부담이 늘어 살기 어려워진 주민들은 다른 곳으로 이주하게 돼요. 상권이 발달하면 해당 지역의 문화와 경제가 활성화되지만 동시에 원주민은 삶의 터전을 빼앗길 수 있어요.

### 어휘력 높이기

✦ **과태료**
법이나 규칙을 위반했을 때 벌로 내는 돈.

✦ **민원**
주민이 행정 기관에 문제를 해결해 달라고 요청하는 것.

✦ **임대료**
남에게 물건이나 건물 따위를 빌려준 대가로 받는 돈.

✦ **감당하다**
능히 해내거나 견뎌 내다.

**구름 씨, 비를 부탁해!**

◆ 키워드: 구름 씨, 인공 강우, 기후 문제

최근 많은 나라에서 '구름 씨'를 이용해 비를 인위적으로 내리게 하는 인공 강우 실험을 진행하고 있습니다. 구름 씨는 대기 중의 습기를 끌어당겨 물방울을 만드는 아이오딘화 은, 물방울을 얼리는 드라이아이스, 빗방울 크기를 키우는 염화 칼슘 등으로 이루어진 화학 물질입니다. 이 물질을 드론이나 항공기로 구름에 뿌리면 구름 속의 수분 알갱이가 서로 달라붙어 점점 더 큰 물방울이 되고 무거워진 물방울은 비가 되어 땅으로 떨어집니다. 이렇게 만들어진 비를 '인공 강우'라고 부릅니다. 인공 강우는 자연적으로 형성된 구름이 있을 때 그 구름의 수분이 비로 변하도록 돕는 기술입니다. 그래서 맑은 날씨에 비를 내리게 할 수는 없습니다.

세계 여러 나라가 지구 온난화로 나타난 가뭄, 대기 오염 문제 같은 기후 문제를 해결하기 위해 인공 강우 연구에 매진하고 있습니다. 멕시코는 가뭄을 해소하려고 매년 한 차례 이상 구름 씨를 뿌리고 있습니다. 2021년에는 멕시코 농촌의 강우량이 인공 강우 기술 덕분에 40퍼센트(%)나 증가했습니다. 파키스탄은 대기 오염으로 고통받는 도시, 라호르에 구름 씨를 수십 차례 뿌려서 대기를 깨끗하게 했습니다. 중국은 2008년 베이징 올림픽을 앞두고 미세 먼지와 스모그를 줄이기 위해 인공 강우 기술을 활용했습니다. 우리나라도 건조한 기후로 인한 산불 예방과 대기 오염 개선을 위해 인공 강우 실험을 활발히 진행하고 있습니다.

이처럼 인공 강우 기술은 기후 문제를 해결할 차세대 기상 기술로 주목받고 있습니다.

### 핵심 주제 파악하기

"최근 많은 나라에서 '구름 씨'를 이용해 비를 인위적으로 내리게 하는 인공 강우 실험을 하고 있다."

### 배경 지식 넓히기

**비는 어떻게 만들어져요?**

바다, 강, 호수 등의 물은 태양열로 달궈지면 수증기로 변해 하늘로 올라가요. 이때 수증기가 대기 상층에서 차가운 공기를 만나면 작은 물방울로 변하며 구름이 돼요. 구름 속 물방울이 점점 크고 무거워지면 중력에 의해 땅으로 떨어져요. 이때 기온이 높으면 비가 되고, 기온이 낮으면 눈이 되는 거예요.

### 어휘력 높이기

**✦ 인위적**
자연의 힘이 아닌 사람의 힘으로 이뤄지는 것.

**✦ 강우량**
특정 지역에 일정 기간 동안 내린 비의 양을 측정한 값.

**✦ 기상**
비, 구름, 바람 등 대기 중에서 일어나는 모든 현상.

**✦ 매진하다**
어떤 일에 대해 온 마음과 힘을 다하다.

Day 46. 문화

# 궁궐에서 퓨전 한복을 입지 말라고?

✦ 키워드 : 한복, 퓨전, 전통

서울 경복궁 인근에 가면 형형색색의 고운 **한복**을 입은 관광객을 쉽게 볼 수 있습니다. 한복을 입으면 고궁을 무료로 관람할 수 있게 되면서 한복을 입고 고궁을 탐방하는 문화가 유행처럼 번졌기 때문입니다. 그런데 경복궁을 찾는 관광객이 한복 대여점에서 빌려 입는 **퓨전** 한복은 형태·재질·디자인 면에서 **전통** 한복과 사뭇 다릅니다. 우리 전통 한복은 자연스러운 곡선과 직선이 조화를 이루고 품이 넉넉한 것이 특징입니다.

하지만 한복 대여점에서 빌려 주는 퓨전 한복은 서양의 드레스처럼 속치마를 과도하게 부풀리거나 저고리 옷고름을 뒤로 묶는 등의 기본적인 형태를 지키지 않는 것이 많습니다. 심지어 일본이나 중국의 전통 의상을 떠올리게 하는 옷도 있습니다.

이 때문에 한복을 모르는 외국인이나 어린이가 퓨전 한복을 전통 한복으로 오해할 수 있다며 전통 한복을 입은 사람만 고궁에 무료 입장을 시켜야 한다고 주장하는 사람도 있습니다.

반면 퓨전 한복이 한복에 대한 관심을 높이고, 우리 문화를 알리는 데 도움을 준다고 주장하는 사람도 있습니다. 전통 한복에 비해 입는 방법이 간단하고 활동성이 좋은 퓨전 한복이나 생활 한복을 입는 사람이 많아지면 오히려 우리 전통 한복을 많이 알릴 수 있다는 것입니다.

### 핵심 주제 파악하기

퓨전 한복을 전통 한복으로 오해할 수 있다며 전통 한복을 입은 사람만 고궁에 무료 입장을 시켜야 한다고 주장하는 사람이 있다.

### 배경 지식 넓히기

#### 퓨전이 무엇일까요?

퓨전은 '섞는다.'는 뜻의 라틴어의 '퓨즈'에서 유래한 말로, 전혀 다른 것을 뒤섞어 새로운 것을 만드는 것을 의미해요. 각각의 문화가 서로 어울리며 긍정적인 방향으로 나아가기 위한 시도예요. 퓨전 한복도 그런 예 가운데 하나예요. 우리 전통 한복의 멋을 살리면서 현대인이 즐겨 입는 옷의 양식을 더해 만들어진 새로운 형태의 옷이지요.

### 어휘력 높이기

✦ **형형색색**
생긴 모양과 빛깔이 여러 가지.

✦ **전통**
나라, 민족, 가족 등이 과거부터 이어온 행동·생각·관습.

✦ **사뭇**
거리낌 없이 마구.

✦ **탐방하다**
어떤 곳을 직접 찾아가서 둘러보거나 조사하다.

Day 47. 환경

# 그 많던 오징어는 어디로 갔을까?

◆ 키워드 : 어종, 어획량, 수온

'오징어, 꼴뚜기, 대구, 홍합, 따개비' 우리나라 사람이라면 누구나 아는 노래인 「독도는 우리 땅」 3절은 우리나라의 동쪽 끝, 독도 인근 바다에서 많이 잡히는 **어종**을 열거하며 시작됩니다.

1982년 발표 당시 이 노래의 가사는 '오징어, 꼴뚜기, 대구, 명태, 거북이, 연어알, 물새알'이었습니다. 하지만 2012년 울릉도 독도 해역에서 잡히는 주요 어종이 변화하면서 지금과 같은 가사로 바뀌었습니다.

그런데 이 노래 가사는 또 바뀔 가능성이 높습니다. 오징어가 울릉도 독도 해역에서 모습을 감추고 있기 때문입니다. 10여 년 전까지 매해 평균 20만 톤(t) 정도 잡히던 국내 오징어 **어획량**은 2023년에 10분의 1 수준으로 줄었습니다.

오징어는 주로 **수온**이 15도에서 20도 정도인 바다에서 서식합니다. 차가운 한류와 따뜻한 난류가 교차하는 동해는 오징어가 살기에 안성맞춤이었습니다. 그런데 지구온난화로 1968년 이후 57년 동안 동해의 수온은 2.04도 상승했습니다. 약간의 수온 변화도 오징어와 같은 몸집이 작은 바다 생물의 생명을 위협합니다. ==오징어가 따뜻해진 동해를 떠나 차가운 북쪽 바다로 이동하면서 어획량이 줄어들었습니다.==

오징어가 떠난 동해에는 따뜻한 바다를 좋아하는 방어와 같은 난류성 어종이 새로 터를 잡았습니다. 주로 남해 혹은 동남아시아 인근 바다에 살던 어종들이 동해까지 올라온 것입니다.

**핵심 주제 파악하기**

"오징어가 따뜻해진 동해를 떠나 차가운 북쪽 바다로 이동하면서 어획량이 줄어들었다."

**배경 지식 넓히기**

### 오징어는 왜 동해에서 많이 잡혔을까요?

동해는 차가운 한류와 따뜻한 난류가 만나는 곳이에요. 한류는 고위도에서 저위도로, 난류는 저위도에서 고위도로 흐르는 해류를 말해요. 지구본을 보면 남극과 북극 지방이 고위도, 적도 지방이 저위도에 속해요. 중위도에 위치하고 한류가 난류가 만나는 우리나라 동해는 영양분이 풍부해 플랑크톤이 잘 자라고, 꼴뚜기, 고등어 같은 난류성 어류와 오징어, 대구 같은 한류성 어류가 함께 살 수 있었어요.

**어휘력 높이기**

✦ **어종**
물고기의 종류.

✦ **어획량**
특정 기간 바다나 강에서 잡은 해산물의 양.

✦ **안성맞춤**
조건이나 상황이 어떤 경우에 잘 어울림.

✦ **열거하다**
사실을 낱낱이 늘어놓다.

Day 48. 그래픽 뉴스

# 바뀌는 대한민국 특산물 지도

◆ 키워드 : 기후 변화, 특산물, 이동

📈 주요 농작물 재배지 이동 지도 (1973년~2017년)

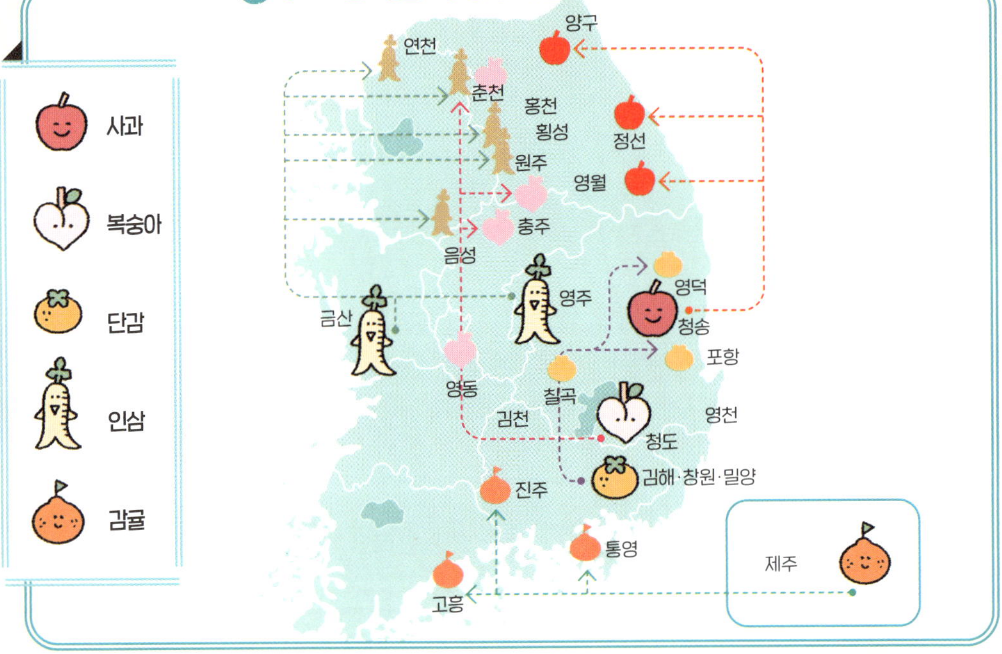

사과
복숭아
단감
인삼
감귤

최근 우리나라에서는 **기후 변화**로 **특산물**의 재배지가 점차 북쪽으로 **이동**하고 있습니다. 강원도의 사과 재배지 면적은 2000년 이후에 약 6배가 늘어났습니다. 사과는 연평균 기온이 8~11도인 비교적 서늘한 곳에서 잘 자라는 과일로, 경상북도 청송의 특산물입니다. 그런데 최근 청송을 비롯한 남쪽 지역의 기온이 높아지면서 사과 재배에 어려움을 겪고 있습니다. 사과가 자라기에 기온이 높고 강수량도 불균형하여 사과의 맛과 품질이 떨어지고, 수확량도 줄었습니다. 남부 지역에서 사과를 재배하던 농민들이 기온이 서늘한 강원도로 이주해 농사를 짓는 경우도 늘어나고 있습니다.

### 그래프 해석하기

**1) 무엇을 나타내는 그림지도인가요?**

특산물이 과거 우리나라의 어느 지역에서 생산됐고, 지금은 어디에서 생산되고 있는지 변화를 보여 주고 있어요.

**2) 그림지도를 보고 무엇을 알 수 있나요?**

특산물의 화살표가 남쪽에서 북쪽으로 향하고 있는 것으로 보아 특산물의 생산지가 남쪽에서 북쪽으로 이동했다는 사실을 알 수 있어요.

**3) 기사에서 말하고자 하는 주제는 무엇인가요?**

기후 변화의 영향으로 우리나라 특산물의 재배지가 북쪽으로 이동하고 있어요.

### 어휘력 높이기

✦ **특산물**
특정 지역에서 특별히 많이 생산되거나 유명한 생산물.

✦ **재배지**
농작물을 심고 가꾸는 땅.

✦ **수확량**
농작물을 거둬들인 양.

✦ **불균형하다**
어느 편으로 치우쳐 고르지 아니하다.

Day 49. 환경

# 더 혹독해진 황사의 습격

◆ 키워드 : 황사, 발암 물질, 사막화

황사는 매년 봄에 몽골과 중국의 사막 및 황토 지대에서 발생한 흙먼지가 강한 편서풍을 타고 우리나라에 도달해 하늘을 뒤덮는 현상입니다.

황사는 먼 거리를 이동하면서 공장이나 자동차에서 배출된 매연이나 오염 물질과 섞입니다. 그러면서 황사에는 미세 먼지와 중금속, 납, 카드뮴 같은 암을 유발하는 발암 물질이 포함됩니다. 이런 황사는 사람들에게 여러 병을 일으키고, 농작물과 가축에게 큰 피해를 줍니다.

그런데 최근에 황사의 발생 빈도가 늘고 있습니다. 황사의 발원지인 몽골의 초원 지대가 사막으로 바뀌는 사막화 현상이 심각해지고 있기 때문입니다. 몽골의 땅이 점점 더 메마르면서 국토의 약 77~80퍼센트(%)가 사막으로 변했습니다. 이 때문에 1993년까지 연평균 약 6일이던 우리나라 황사 발생 일수도 2024년에는 약 24일로 4배 이상 증가했습니다.

### 핵심 주제 파악하기

> 최근 황사의 발원지인 몽골에서 사막화 현상이 심각해지면서 황사의 발생 빈도가 높아졌다.

### 배경 지식 넓히기

#### 몽골에 사막이 늘어나는 이유가 뭘까요?

몽골은 세계에서 가장 빠르게 사막화가 진행되는 나라 중 하나예요. 과도한 목축과 지구 온난화의 영향 때문이에요. 몽골 초원에 사는 주민들이 점점 더 많은 가축을 키우고, 넓은 농경지를 일구면서 땅이 황폐해졌어요. 게다가 지구 온난화로 기온이 올라가면서 초원은 더욱 메말라, 결국 사막으로 바뀌게 된 거예요.

### 어휘력 높이기

**✦ 편서풍**
중위도 지역에서 서쪽에서 동쪽으로 부는 바람.

**✦ 빈도**
같은 현상이나 일이 반복되는 횟수.

**✦ 발원지**
강이나 바람, 자연 현상 등이 처음 시작된 장소.

**✦ 메마르다**
땅이 물기가 없고 기름지지 않다.

Day 50. 사회

# 학교 폭력을 저지르면 선생님이 될 수 없다고?

✦ 키워드 : 학교 폭력, 학교생활 기록부, 입시

학교 폭력을 저지른 학생은 앞으로 초등학교 교사가 되는 것이 거의 불가능해집니다. 정부가 2023년에 발표한 '학교 폭력 근절 대책'에 따라 모든 대학은 신입생을 뽑을 때 지원자가 학교 폭력 가해를 한 적이 있는지 확인해 그 결과를 입학 성적에 의무적으로 반영해야 하기 때문입니다.

이에 따라 주요 대학들은 입학 정책을 빠르게 바꾸고 있습니다. 특히 초등학교 교사를 길러 내는 교육 대학은 더욱 엄격하게 신입생을 뽑기로 했습니다. 일부 교육 대학은 학교생활 기록부에 학교 폭력 가해 이력이 남아 있는 학생은 아예 지원 자격을 주지 않거나 부적격 처리하는 방침을 세웠습니다. 또 다른 교육 대학은 학교 폭력 가해 학생의 입학 지원까지 막진 않지만 입학 점수를 깎기로 했습니다. 감점이 커서 학교 폭력을 저지른 학생이 합격할 가능성은 매우 낮습니다.

교육 대학이 입시에서 학교 폭력을 저지른 학생을 뽑지 않는 이유는 분명합니다. 초등학교 교사는 학생들에게 학교 폭력의 심각성을 일깨우고, 학교 폭력을 예방해야 하는 막중한 책임이 있기 때문입니다. 또 교사가 되기 위해서는 높은 도덕성과 책임감을 갖춰야 하므로 학교 폭력을 저질렀던 학생은 이 기준을 충족하지 못한다고 판단한 것입니다. 2026학년도 대입부터는 교육 대학뿐만 아니라 모든 대학이 의무적으로 학교 폭력 사항을 입시에 반영해야 합니다.

**핵심 주제 파악하기**

> **학교 폭력을 저지른 학생은 앞으로 초등학교 교사가 되는 것이 사실상 불가능해진다.**

**배경 지식 넓히기**

### 학교 폭력 가해자는 어떤 벌을 받나요?

학교에서 학교 폭력이 발생해 피해 학생과 보호자가 요구하면 학교 폭력 대책 심의 위원회(학폭위)가 열려요. 학폭위는 학교 폭력 피해가 얼마나 심각한지 조사해요. 폭력의 정도에 따라 가해 학생에게 사과, 사회봉사, 출석 정지 등 적합한 조치를 취해요. 이러한 조치들은 가해 학생의 학교생활 기록부에 기록될 수 있어요. 다만 초등학교와 중학교는 의무 교육이기 때문에 아무리 중대한 폭력을 저질러도 퇴학 처분은 받지 않아요.

**어휘력 높이기**

✦ **근절**
다시 살아날 수 없도록 뿌리째 없애 버림.

✦ **이력**
지금까지 거쳐 온 학업, 직업, 경험 등을 말함.

✦ **부적격**
어떤 일에 자격이 알맞지 않음.

✦ **충족하다**
일정한 분량을 채워 모자람이 없게 하다.

**Day 51. 찬반 토론**

# 대학 입시에 학교 폭력 가해 사실을 반영해야 할까?

찬성 입장

**학교 폭력을 예방하기 위해
가해 사실을 대학 입시에 반영해야 해요.**

우리 사회에서 대학은 취직하거나 사회생활을 할 때 중요한 평가 기준이 돼요. 그러므로 학교 폭력 가해 사실을 대학 입시에 반영하면 학생들은 자신의 행동에 책임감을 갖게 될 가능성이 커요. 또한 피해 학생의 고통을 덜어 주기 위해서라도 학교 폭력 가해 사실을 입시에 반영해야 해요.

학교 폭력 가해 기록은 수년이 지나면 학교생활 기록부에서 지워져요. 가해 학생이 좋은 대학에 진학한다면 학교 폭력 때문에 받아야 할 벌도 받지 않고 평범한 생활을 누리며 살아갈 수 있어요. 반면 피해 학생은 평생 고통 속에서 살아가요. 학교 폭력의 고통 때문에 제대로 학교에 다니지 못하는 경우도 많지요. 이런 문제를 막기 위해 학교 폭력 가해 사실을 입시에 반영해 가해 학생이 자신이 한 행동에 합당한 책임을 지도록 하는 것이 필요해요.

**반대 입장**

### 대학 입시에 가해 사실을 반영하는 것은 근본적인 해결 방법이 아니에요.

학교 폭력 가해 학생에게 대학 입시에서 불이익을 주면 가해를 한 학생과 학부모는 최대한 가해 사실을 숨기기 위해 노력할 거예요. 피해 학생에게 합의를 강요할 수도 있어요. 이 과정에서 피해 학생은 제대로 된 보호를 받지 못할 가능성이 있어요.

또한 학교 폭력 가해 사실을 대학 입시에 반영하는 것은 이중 처벌이 될 수 있어요. 실제로 가해한 사실이 드러난다면 학교에서 징계를 내려요. 이미 합당한 처벌을 받은 학생에게 대학 입시에서 추가로 불이익을 준다면 그 학생은 자신의 잘못을 반성하기보다 억울해할 거예요. 특히 청소년기의 충동적인 실수를 대학 입시에 반영한다면 가해 학생은 사회에서 평범하고 건강하게 살아갈 기회를 놓치게 돼요. 결국 그 학생은 또다시 잘못된 길로 빠질 수도 있어요.

Day 52. 사회

# 케이팝 아이돌 '독도는 우리 땅' 부르지 마!

✦ 키워드 : 독도, 영토, 역사 왜곡

케이팝 그룹 엔믹스는 2023년 8월에 한 유튜브 방송에서 '**독도**는 우리 땅' 노래를 불렀다는 이유로 일부 일본 팬의 악플 세례를 받았습니다. 이 방송에서 엔믹스는 '진달래꽃', '악어 떼' 등의 노래와 함께 '독도는 우리 땅'의 한 소절인 '울릉도 동남쪽 뱃길 따라 이백 리'를 연이어 부르는 색다른 공연을 펼쳤습니다. 그런데 일본 누리꾼들은 "엔믹스가 일본 팬들을 배려하지 않았다."며 큰 불쾌감을 표시했습니다.

일본 팬들의 이 같은 반응은 많은 일본인이 독도를 일본의 **영토**라고 믿고 있는 데서 비롯되었습니다. 2019년에 일본 정부가 일본 국민을 대상으로 진행한 설문 조사에서 응답자의 77.7퍼센트(%)가 '독도는 일본의 영토'라고 답했고, 63.5퍼센트는 '한국이 독도를 불법으로 차지하고 있다.'고 답했습니다. 일본 내에서 독도에 대한 왜곡된 역사 인식이 확산된 배경에는 일본 정부가 오랜 시간 독도를 일본의 영토라고 주장하며 **역사 왜곡**을 해 왔기 때문입니다. 심지어 일본 정부는 교과서에 이 내용을 실어 학생들을 가르치고, 독도를 '다케시마'라고 표기한 지도를 해외에 배포하며 왜곡된 주장을 전 세계에 퍼뜨리고 있습니다.

이런 이유로 엔믹스뿐만 아니라 일본에서 활동하는 케이팝 스타 중에는 '독도' 관련 발언으로 일본 누리꾼들의 뭇매를 맞은 경우가 많습니다. 그때마다 온라인에선 독도가 한국 땅인 사실은 변하지 않는다고 주장하는 우리나라 누리꾼과 이를 반박하는 일본 누리꾼 사이에 격렬한 논쟁이 벌어지곤 합니다.

**핵심 주제 파악하기**

"케이팝 그룹 엔믹스가 '독도는 우리 땅' 노래를 불렀다는 이유로 일본 팬들의 악플 공격을 받았다."

**배경 지식 넓히기**

### 우리나라의 영토는 어디부터 어디까지인가요?

영토는 한 나라의 주권이 미치는 땅이에요. 한 나라의 주권이 미치는 바다는 영해, 하늘은 영공이라고 불러요. 우리나라의 영토는 헌법에 따라 한반도와 그 주변 4400여 개의 섬으로 이루어져 있어요. 한반도는 남한과 북한 전체를 뜻해요. 한반도의 면적은 22.3만 제곱킬로미터($km^2$)로, 그중 남한의 면적은 약 10만 제곱킬로미터예요. 우리나라의 가장 동쪽은 경상북도 울릉군 독도이고, 가장 남쪽은 제주특별자치도 서귀포시 대정읍 마라도예요.

**어휘력 높이기**

✦ **세례**
어떤 사건이나 현상으로 받은 영향이나 타격.

✦ **역사 왜곡**
한 나라의 역사를 사실과 다르게 해석하고 설명하는 것.

✦ **뭇매**
여러 사람이 한꺼번에 덤벼서 때리는 매.

✦ **배포하다**
널리 나눠 주다.

# 일본에도 '독도의 날'이 있다?

◆ 키워드 : 독도의 날, 영유권 분쟁, 지배

매년 10월 25일은 '**독도의 날**'입니다. 이날은 고종 황제가 1900년에 독도가 대한 제국 영토임을 분명히 한 날입니다. 그런데 우리와 독도를 두고 **영유권 분쟁**을 벌이고 있는 일본에도 독도를 기념하는 날이 있습니다. 일본 시마네현은 매년 2월 22일을 '다케시마의 날'로 지정했는데, 이날은 1905년에 시마네현이 독도를 일본 영토로 편입했다고 주장하는 날입니다. '다케시마'는 독도의 일본식 이름입니다. 이것이 일본 정부에서 내세우는 독도가 일본 땅이라는 근거입니다. 그러나 독도가 우리나라의 영토라는 증거는 차고 넘칩니다.

우선 역사적 기록이 무수히 많이 남아 있습니다. 삼국 시대의 역사를 기록한 『삼국사기』에는 신라 장군 이사부가 우산국(옛 울릉도)을 점령했다고 적혀 있습니다. 우산국은 울릉도와 독도를 다스리던 섬나라였으니 독도 역시 신라의 땅이 된 겁니다. 또 조선 시대의 지리책인 『세종실록지리지』에는 우산(울릉도)과 무릉(독도)이 강원도에 속해 있다는 내용의 글과 지도가 담겨 있습니다. 조선 시대의 어부 안용복은 일본 어선이 동해에 와서 물고기를 잡는 것에 분노해 일본을 직접 찾아가 독도와 울릉도가 조선의 땅이라는 사실을 확인받고 오기도 했습니다. 이 내용은 모두 『조선왕조실록』에 기록되어 있고, 일본의 공식 문서에도 이와 관련된 기록이 남아 있습니다.

더욱 중요한 것은 우리나라가 오랜 기간 독도를 실효적으로 **지배**하고 있다는 점입니다. 한 나라가 특정 지역을 영토라고 주장하기 위해서는 실제로 그 나라의 국민이 그 지역에서 살고 있어야 합니다. 독도에는 일제 강점기에도 조선인이 살았고, 현재도 대한민국 국민이 거주하고 있습니다.

**핵심 주제** 파악하기

일본 정부는 독도가 일본 땅이라고 주장하지만
독도가 우리나라의 영토라는 증거는 차고 넘친다.

**배경 지식** 넓히기

### 일본은 왜 자꾸 독도를 일본 땅이라고 할까요?

독도는 예로부터 대구, 명태, 연어 등이 살고 있는 '황금 어장'으로 불렸어요. 또한 독도 주변의 바다 깊은 곳에는 메탄 하이드레이트라는 천연자원이 매장돼 있어요. 메탄 하이드레이트는 석유나 석탄에 비해 이산화 탄소가 훨씬 적게 나와서 미래의 친환경 에너지 자원으로 주목받고 있지요. 독도가 일본의 영토가 되면 이러한 자원을 모두 일본이 차지하게 돼요.

**어휘력** 높이기

✦ **영유권**
영토를 소유하고 다스릴 권리.

✦ **편입**
이미 짜인 조직이나 영역에 끼어 들어감.

✦ **점령**
무력으로 일정한 지역을 차지함.

✦ **실효적으로 지배하다**
국가가 토지를 점유하고 다스리다.

# 방금 내가 먹은 치즈도 가짜?

◆ 키워드 : 모조 치즈, 자연 치즈, 허위 광고

한 유명 프랜차이즈 피자 업체가 가짜 치즈를 피자 토핑으로 사용한다는 논란에 휩싸였습니다. 해당 업체는 자연산 모차렐라 치즈만 사용한다며 즉시 해명에 나섰고, 거짓 소문을 퍼뜨리는 이들에게 법적 대응을 예고했습니다.

하지만 가짜 치즈 논란은 좀처럼 사그라지지 않았습니다. **사람들이 이 사건을 계기로 음식점에서 가짜 치즈가 널리 사용된다는 사실을 알게 됐고, 가짜 치즈에 대한 사회적 경각심이 높아졌기 때문입니다.**

최근에 떡볶이, 김밥, 닭갈비 등 다양한 음식에 치즈를 곁들이는 문화가 확산되면서 치즈 소비량이 크게 늘었습니다. 문제는 식당에서 사용하는 치즈 중에 진짜 치즈가 아닌 가짜 치즈, 즉 저가 식용유에 여러 첨가물을 섞어 만든 **모조 치즈**가 많다는 점입니다. 우유로 만든 **자연 치즈**와 달리 모조 치즈는 포화 지방이 많고 몸에 좋은 영양소가 거의 들어 있지 않습니다. 포화 지방을 많이 섭취하면 혈관이 좁아지고, 비만이나 심근 경색 같은 성인병을 일으킬 수 있다고 알려져 있습니다.

음식점에서 모조 치즈를 사용하는 이유는 자연 치즈보다 가격이 저렴해서 재료비를 아낄 수 있기 때문입니다. 음식점에서 재료를 표시할 때 모조 치즈를 치즈라고 표기하는 것은 불법이 아닙니다. 재료의 원산지를 알려야 할 의무만 있을 뿐 자연 치즈인지, 모조 치즈인지 소비자에게 알려야 할 의무는 없습니다. 하지만 모조 치즈를 사용하면서 자연 치즈를 사용하는 것처럼 오해하도록 광고하는 것은 **허위 광고**로 처벌받을 수 있습니다.

**핵심 주제** 파악하기

한 피자 업체의 가짜 치즈 사용 논란을 계기로 많은 사람이 가짜(모조) 치즈에 대한 경각심을 갖게 됐다.

**배경 지식** 넓히기

### 우리 몸에는 어떤 영양소가 필요해요?

영양소는 음식물에 들어 있는 성분 중 우리 몸에 필요한 에너지를 만들고 몸을 구성하는 데 필수적인 요소예요. 우리는 움직이고 생각하며 생명을 유지하는 모든 활동을 위해 영양소를 섭취해야 해요. 단백질, 탄수화물, 지방은 우리 몸의 주요 에너지원으로 사용되는 3대 영양소이며, 여기에 몸을 구성하고 유지하는 비타민, 무기 염류, 물을 더해 6대 영양소라고 불러요.

**어휘력** 높이기

✦ **경각심**
심각성을 깨닫고 조심하는 마음.

✦ **허위 광고**
진실이 아닌 정보로 상품이나 서비스를 소비자에게 알리는 것.

✦ **성인병**
중년 이후에 문제가 되는 병을 통틀어 이르는 말.

✦ **사그라지다**
기운이나 현상 따위가 가라앉거나 없어지다.

# 내돈내산, 믿어도 될까?

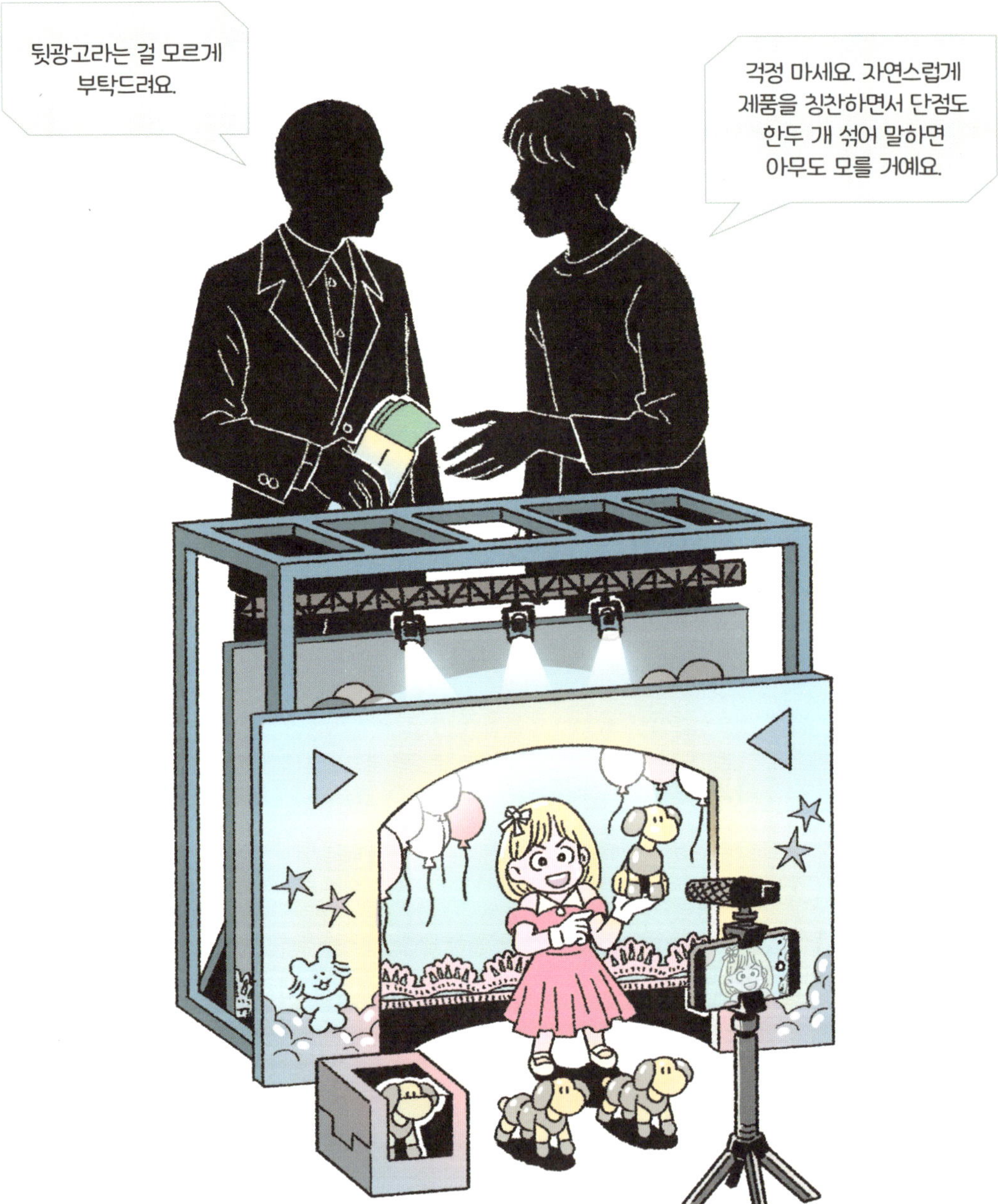

**생각 넓히기**

## 뒷광고에 속지 않으려면 어떻게 해야 할까요?

'뒷광고'라는 말을 들어 본 적이 있나요? 뒷광고란 소셜 네트워크 서비스(SNS)에서 활동하는 인플루언서가 대가를 받은 제품을 마치 자신이 직접 구매해서 사용한 것처럼 속이며 광고하는 것을 말해요.

최근 SNS의 영향력이 커지면서 높은 인지도를 자랑하는 인플루언서가 추천하거나 직접 판매하는 제품을 신문이나 방송 광고 속 제품보다 더 신뢰하는 경향이 생겼어요. 인플루언서 마케팅 시장이 급성장하면서 동시에 뒷광고도 크게 늘었지요.

2023년 3월부터 12월까지 공정거래위원회가 네이버 블로그, 유튜브, 인스타그램 등을 모니터링한 결과, 2만 5966건의 뒷광고가 적발됐어요. 적발된 이들은 광고라는 사실을 알아보기 힘들게 숨기거나 광고 표시를 작고 흐릿하게 표시해서 소비자를 속였어요. 뒷광고의 문제가 점점 커지자 공정거래위원회는 인플루언서가 일부러 반복적으로 뒷광고를 하면 벌금을 내거나 형사 처벌까지 받을 수 있다고 경고했어요.

SNS의 영향이 커지는 만큼 뒷광고는 앞으로 점점 더 많아질 거예요. 소비자를 속이는 뒷광고에 속지 않으려면 어떻게 해야 할까요?

 자신의 생각을 적어 보세요.

# 제주어로 들려주는 특별한 뉴스

✦ 키워드 : 뉴스, 방언, 소멸 위기 언어

'골암시민, 들엄시민'은 케이블 방송국인 KCTV제주방송이 2019년부터 지금까지 매주 토요일과 일요일 저녁에 방영하는 장수 뉴스 프로그램입니다. 제주어에 익숙하지 않은 사람은 이 방송의 내용을 이해하기 어려울 수 있습니다. 표준어가 아닌 제주어로 뉴스를 전하기 때문입니다. 방송의 제목인 '골암시민, 들엄시민' 역시 제주어로 '말하다 보면, 듣다 보면'이라는 뜻입니다. KCTV제주방송이 제주어 뉴스를 만들기로 한 것은 사라져 가는 제주의 방언을 지키기 위해서입니다. 제주어는 2010년 유네스코(UNESCO)가 지정한 '소멸 위기의 언어'입니다. 유네스코는 당시 제주어를 소멸 위기 언어 5단계 중 4단계로 분류했습니다. 5단계는 '소멸한 언어'이며, 4단계는 '아주 심각한 위기에 처한 언어'입니다.

제주어의 명맥이 끊기고 있는 이유는 여러 가지입니다. 우선 학교와 각종 미디어에서 표준어를 접할 기회가 많아지면서 제주에서 태어나고 자랐어도 제주어를 사용하지 않는 젊은 세대가 많아졌기 때문입니다. 또한 최근 제주도로 이주하는 사람들이 늘면서 표준어를 쓰는 주민이 증가한 것도 제주어의 소멸 속도를 더욱 빠르게 만들고 있습니다.

### 핵심 주제 파악하기

제주의 한 케이블 방송국에서는 사라져 가는 제주의 방언을 지키기 위해 제주어 뉴스를 방영한다.

### 배경 지식 넓히기

**왜 언어를 보존해야 할까요?**

세상에는 약 7000개가 넘는 언어가 있어요. 하지만 그중 약 2500개는 특정 지역이나 소규모 집단에서만 사용되며 사용자 수가 매우 적어요. 유네스코(UNESCO)에 따르면, 현재 세계 언어의 약 40퍼센트(%)가 소멸 위기에 놓여 있어요. 같은 언어를 사용하는 공동체의 인구가 줄어들고, 도시화와 세계화로 지역 간의 경계가 허물어졌기 때문이에요. 언어는 지역이나 공동체 고유의 문화, 역사, 지식을 담고 있어요. 언어를 보존하는 것은 인류 문화의 다양성을 지키는 데 매우 중요해요.

### 어휘력 높이기

✦ **방언**
한 나라 안에서 지역에 따라 다르게 쓰이는 말의 형태.

✦ **명맥**
어떤 일이 유지되는 근본.

✦ **이주**
다른 지역이나 나라로 옮겨 가서 사는 것.

✦ **소멸하다**
어떤 존재나 현상이 점점 없어지거나 사라지다.

Day 57. 문화

# '먹방'이 국어사전에 오르지 못한 이유

✦ 키워드 : 신조어, 표준국어대사전, 유행어, 표준어

'먹방'은 음식을 먹는 방송을 뜻하는 **신조어**로, 이미 전 세계적으로 통용될 만큼 널리 쓰이고 있습니다. 2021년에는 옥스퍼드 영어 사전에도 등재됐습니다. 그런데도 우리나라를 대표하는 국어사전인 '**표준국어대사전**'에는 등재되지 않았습니다. 먹방이 아직도 표준국어대사전에 오르지 못한 이유가 무엇일까요?

표준국어대사전을 만드는 국립국어원은 매우 까다로운 기준으로 골라낸 새 단어들을 매년 두 차례 표준국어대사전에 등재합니다. 표준국어대사전에 등재된다는 것은 신조어가 단순한 **유행어**를 넘어 **표준어**로 인정받는다는 의미입니다.

국립국어원은 신조어를 오랜 시간에 걸쳐 관찰하고, 그중에서도 사전에 올릴 만한 가치가 있는 단어를 골라냅니다. 새로 생긴 단어가 잠시 쓰이다가 사라질 수도 있고, 편견이나 차별을 조장할 수도 있고, 표준어 규정에 맞지 않을 수도 있기 때문입니다.

그래서 새로운 단어가 탄생해 표준어로 인정받기까지는 수십 년의 시간이 걸리기도 합니다. '케이팝'은 1999년 글로벌 음악 전문 매체인 빌보드에 소개되며 전 세계에서 널리 쓰이기 시작했지만 표준국어대사전에 실린 것은 24년이 지난 2023년이었습니다. 이 밖에 여러 시민 단체가 '혼혈아', '국제결혼' 같은 차별적인 용어 대신 쓰자고 제안했던 '다문화 가정'도 단어가 생긴 지 20년이 넘어서야 표준어 지위를 얻었습니다.

**핵심 주제 파악하기**

국립국어원은 매우 까다로운 기준으로 골라낸 새 단어들을 매년 두 차례 표준국어대사전에 등재한다.

**배경 지식 넓히기**

### 표준어가 뭐예요?

표준어는 한 나라에서 말하거나 글을 쓸 때 표준이 되는 단어나 문법을 말해요. 우리나라에서는 '교양 있는 사람들이 두루 쓰는 현대 서울말'을 표준어라고 정의하고 있어요. 하지만 이 정의를 두고 논란이 많아요. 교양 있는 사람이 어떤 사람을 가리키는지 모호할 뿐만 아니라 서울이 아닌 지역에 사는 사람과 그들이 쓰는 말을 낮춰 보는 인상을 주기 때문이에요.

**어휘력 높이기**

✦ **신조어**
새롭게 생긴 말.

✦ **등재**
사전이나 목록 등에 올림.

✦ **유행어**
어떤 일이 계기가 되어 한동안 많은 사람이 즐겨 쓰는 단어.

✦ **조장하다**
바람직하지 않은 일을 더 심해지도록 부추기다.

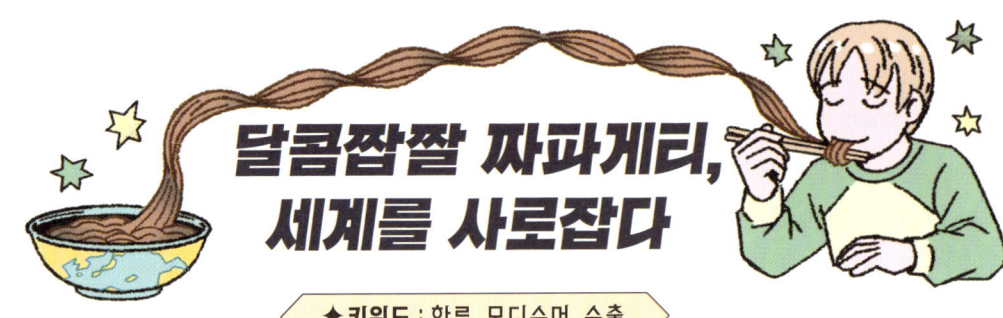

# 달콤짭짤 짜파게티, 세계를 사로잡다

◆ 키워드 : 한류, 모디슈머, 수출

과거 우리나라 사람들은 생일, 졸업식 등 특별한 날에 짜장면을 먹었습니다. 짜장면은 당시 서민들이 먹기에 무척 비싸고 귀한 음식이었습니다. 그래서 많은 식품 기업은 집에서 쉽게 조리할 수 있는 값싼 짜장 라면을 만들기 위해 힘썼습니다.

1984년 3월, 식품 기업 농심이 짜장과 스파게티를 합친 이름의 짜장 라면 '짜파게티'를 출시했습니다. 짜파게티는 순식간에 우리나라 사람들의 입맛을 사로잡았습니다. 그리고 40여 년이 흐른 지금, **짜파게티는 한류를 타고 한국뿐 아니라 세계적으로 사랑받는 대표 수출품이 됐습니다.**

농심에 따르면, 지난 40년간 전 세계에 팔린 짜파게티는 91억 개에 달합니다. 짜파게티 면으로 지구를 휘감는다면 43바퀴를 감을 수 있을 정도라고 합니다. 농심이 짜파게티로 벌어들이는 연간 매출액은 2000억 원이 넘습니다.

짜파게티는 우리나라 영화 「기생충」이 2020년에 아카데미상 작품상을 수상하면서 전 세계에 알려졌습니다. 영화 속에서 주인공들이 짜파게티와 농심의 또 다른 제품인 '너구리'를 섞어서 만든 일명 '짜파구리'를 먹는 장면이 화제가 되면서 짜파게티 판매량이 폭발적으로 늘어난 것입니다.

최근 짜파게티는 '**모디슈머**' 열풍을 일으키며 칠레 등 전 세계 70여 개국으로 **수출**되고 있습니다. 모디슈머는 영어 단어 '개조하다(modify)'와 '소비자(consumer)'를 합친 말로, 제품을 자신의 방식대로 변형하는 소비자를 말합니다. 이들이 SNS를 통해 공유한 짜파게티 조리법은 현재 약 1만 가지에 이릅니다.

### 핵심 주제 파악하기

"짜파게티가 한류를 타고 전 세계인의 입맛을 사로잡는 대표 수출품이 됐다."

### 배경 지식 넓히기

#### 수출이 뭐예요?

우리나라에서 만든 물건, 기술, 서비스를 해외에 파는 것을 수출이라고 해요. 반대로 해외에서 우리나라로 물건, 기술, 서비스를 사들이는 것을 수입이라고 하지요. 이렇게 나라와 나라가 물건, 기술, 서비스를 사고팔며 교류하는 것이 무역이에요. 수출이 늘어나면 기업이 더 많은 돈을 벌고, 일자리가 늘어나서 경제에 도움이 돼요.

### 어휘력 높이기

✦ **한류**
1990년대 말부터 우리나라의 대중문화가 전 세계로 퍼져 인기를 끌고 있는 현상.

✦ **매출액**
물건을 내다 팔아서 생긴 돈.

✦ **열풍**
매우 세찬 기운이나 기세.

✦ **변형하다**
모양이나 형태가 달라지다.

# 해외에서 잘 팔리는 우리 식품은?

◆ 키워드 : 해외, 식품, SNS

2024년 해외에서 많이 팔린 한국 식품 (단위: 백만 달러)

- 라면: 1,248.5
- 과자류: 770.4
- 음료: 662.7
- 쌀 가공식품: 299.2

자료 : 농림축산식품부

2024년, **해외**에서 가장 많이 팔린 우리나라 **식품**은 라면으로 나타났습니다.

라면이 해외에서 큰 인기를 끌기 시작한 원인은 **SNS**에서 인기 유튜버가 삼양식품의 '불닭볶음면' 먹기에 도전하는 영상이 화제가 됐기 때문입니다. 각국에서 도전 릴레이가 시작됐고, 케이팝 스타들도 불닭볶음면을 활용한 다양한 요리를 SNS에 올리면서 큰 인기를 얻었습니다.

허니버터칩, 빼빼로 같은 과자류도 수출액이 7억 달러(약 1조 원)를 넘었고, 밀키스, 식혜 같은 한국 음료와 냉동 김밥, 떡볶이 같은 쌀 가공식품의 판매도 증가했습니다. 케이팝이나 한국 드라마가 해외에서 인기를 끌면서 한국 식품의 판매도 나날이 늘어나고 있습니다.

## 그래프 해석하기

**1) 막대그래프의 가로축인 x축과 세로축인 y축은 각각 무엇을 나타내나요?**

x축은 해외에 수출하는 식품의 종류를, y축은 수출액을 나타내요.

**2) 막대그래프를 보고 무엇을 알 수 있나요?**

2024년에 해외에서 가장 많이 팔린 우리나라 식품은 라면이고, 그다음으로는 과자류, 음료, 쌀 가공식품 순이에요.

**3) 기사에서 말하고자 하는 주제는 무엇인가요?**

SNS에서 화제가 되거나 해외에서 케이팝, 한국 드라마가 인기를 끌면서 우리나라 식품이 해외에서 많이 팔렸어요.

## 어휘력 높이기

✦ **화제**
이야기할 만한 재료나 소재.

✦ **나날이**
매일매일 조금씩.

✦ **도전 릴레이**
여러 사람이 차례차례 이어받아 무언가를 도전하는 활동.

✦ **활용하다**
물건 따위를 충분히 잘 이용하다.

Day 60. 경제

# '공기 반, 과자 반' 이제 그만!

◆ 키워드 : 슈링크플레이션, 꼼수, 사실 표기

2024년 2월, 곰돌이 모양 젤리로 유명한 독일 식품 회사 하리보의 인기 품목인 '골드베렌 믹스'의 용량이 950그램(g)에서 870그램으로 줄었습니다. 용량이 10퍼센트(%) 가까이 줄어들었지만 가격은 그대로였던 탓에 소비자들은 이 사실을 알아채지 못했습니다. 하리보 측은 "원가 상승으로 인한 소비자의 가격 부담을 줄이고자 용량을 줄였다."고 해명했지만 **슈링크플레이션**으로 **꼼수**를 부렸다는 비판을 피할 수 없었습니다. 슈링크플레이션은 최근 2~3년 사이 뉴스에 끊임없이 언급될 정도로 사회적인 논란거리였습니다. 2023~2024년 동안 한국소비자원이 조사한 결과, 총 33개 제품에서 슈링크플레이션이 확인됐고, 그중에 하리보 제품도 포함돼 있었습니다. 식품 회사들이 너도나도 용량을 몰래 줄인 사실이 뒤늦게 알려지며 여론의 뭇매를 맞았습니다. 과자 용량이 줄어든 만큼 봉지 안에 공기를 채웠다는 의미로 '공기 반, 과자 반'이라는 우스갯소리까지 나올 정도였습니다.

하지만 이제는 식품 회사들이 가격을 올리는 대신 용량만 줄여 가격 인상 효과를 누리는 꼼수가 더 이상 통하지 않게 됐습니다. **정부가 2024년부터 식품의 용량을 5퍼센트 초과해 줄이면 용량을 변경한 날부터 최소 3개월 동안 포장지에 용량이 바뀌었다는 사실 표기를 하도록 의무화했기 때문입니다.** 이를 지키지 않으면 최대 한 달 동안 해당 제품을 팔 수 없습니다. 그럼에도 불구하고 일부 식품 회사의 꼼수는 반복되고 있습니다.

### 핵심 주제 파악하기

> 정부는 슈링크플레이션을 막기 위해 식품의 용량을 5퍼센트 초과해 줄이면 포장지에 용량이 바뀌었다는 사실 표기를 하도록 의무화했다.

### 배경 지식 넓히기

**슈링크플레이션이 뭐예요?**

슈링크플레이션은 '줄어든다'라는 뜻을 가진 슈링크(Shrink)와 물가 상승을 의미하는 인플레이션(inflation)을 합친 말이에요. 기업이 가격은 그대로 두면서 상품의 크기나 용량을 줄이는 꼼수로, 사실상 가격을 올리는 행위를 뜻해요. 모든 기업은 상품의 가격을 자유롭게 정할 수 있지만 소비자에게 상품 정보를 공개할 의무가 있어요. 하지만 슈링크플레이션은 이러한 정보를 숨겨 결과적으로 소비자를 속이는 행위예요.

### 어휘력 높이기

**✦ 원가**
운임, 수수료 따위를 더하지 않은 물건의 값.

**✦ 꼼수**
시시하고 치사하며 정직하지 못한 수단.

**✦ 논란거리**
여럿이 서로 다른 주장을 하며 다투는 이야깃거리.

**✦ 해명하다**
까닭이나 내용을 풀어서 밝히다.

Day 61. 찬반 토론

# 슈링크플레이션 기업을 단속하고 처벌해야 할까?

찬성 입장

**슈링크플레이션은 시장의 질서를 어지럽히기 때문에 단속하고 처벌해야 해요.**

소비자는 상품의 품질과 가격 등 다양한 요소를 고려해 소비해요. 하지만 무게, 크기, 용량이 얼마나 달라졌는지는 전문가가 아니면 꼼꼼하게 따져 비교하기 어려워요. 이런 정보 차이를 이용해 기업이 슈링크플레이션을 저지르는 것은 의도적으로 소비자를 속이는 것과 마찬가지예요.

정부는 물가를 안정시키기 위해 기업이 식품의 가격을 지나치게 올리는 것을 감시하고 있어요. 하지만 많은 기업이 정부의 감시를 피해서 슈링크플레이션을 통해 식품 가격을 올리면 정부는 효과적으로 물가를 관리할 수 없게 돼요.

또 기업의 이러한 행위는 소비자의 신뢰를 무너뜨리고, 공정한 시장 질서를 해치는 심각한 문제로 이어질 수 있어요. 그러므로 정부에서 기업이 마음대로 슈링크플레이션을 할 수 없도록 단속하고 처벌하는 것은 당연해요.

슈링크플레이션은 정부가 가격을 통제해서 생긴
문제이기 때문에 단속하고 처벌하면 안 돼요.

기업의 가장 큰 목적은 이윤을 남기는 거예요. 생산 비용이 늘어서 이윤이
줄어든다면 기업은 가격을 올리거나 생산 비용을 아낄 방법을 찾아요.
그런데 정부가 가격을 올리지 못하도록 지나치게 통제하면 어떻게 될까요?
아마도 기업은 원가를 낮추기 위해 질이 떨어지는 밀가루, 설탕, 초콜릿을 사용할
것이고, 결국 그 피해는 고스란히 소비자에게 돌아가게 될 거예요.
정부는 기업이 상품이나 서비스의 가격을 자유롭게 정할 수 있도록 보장해 줘야
해요. 가격이 비싸면 소비자는 더 저렴한 상품이나 서비스를 파는 다른 회사를
선택할 거예요. 기업은 소비자의 선택을 받기 위해 자연스럽게 품질을 높이고
가격을 낮출 방법을 찾게 돼요. 이런 과정이 소비자를 보호하는 효과를 가져와요.

# 배달 로봇이 우리 집 초인종을 눌렀다

◆ 키워드 : 배달 로봇, 자율 주행, 보행자

인천광역시 송도동의 한 아파트 단지에서 작고 귀여운 **배달 로봇** '뉴비'가 배달을 시작했습니다. 누군가 배달 음식을 주문하면, 음식점은 가장 가까운 뉴비에게 신호를 보내고, 해당 뉴비는 직접 음식점으로 이동해 배달을 시작합니다. 뉴비는 **자율 주행** 로봇으로, 횡단보도에서 초록불이 켜지면 멈춰 주변을 살핀 뒤 안전하게 이동합니다.

2024년부터 한 배달 대행업체는 24대의 뉴비를 송도동의 도심 곳곳에 배치하고, 사람 대신 뉴비에게 배달을 맡겼습니다. 우리나라에서 자율 주행 로봇이 인도, 횡단보도, 건물 내부 등에서 자유롭게 이동하려면 '실외 이동 로봇 운행 안전 인증'이라고 하는 자격을 취득해야 합니다. 뉴비는 2024년 1월에 국내 최초로 이 인증을 받아서 **보행자**와 같은 법적 지위를 얻었습니다.

배달 로봇 한 대의 월 사용료는 사람 한 명의 인건비보다 저렴합니다. 음식점에서는 최대 10분의 1까지 배달 비용을 줄일 수 있다고 합니다. 또한 배달 로봇은 교통사고로 인한 인명 피해의 위험이 적고, 사람이 기피하는 지역을 가리지 않으며, 날씨가 나빠도 배달을 거부하지 않는다는 장점이 있습니다.

앞으로 자율 주행 배달 로봇은 배달 시장에서 핵심 역할을 할 것으로 기대됩니다.

**핵심 주제 파악하기**

앞으로 자율 주행 배달 로봇은 배달 시장에서 핵심 역할을 할 것으로 기대된다.

**배경 지식 넓히기**

### 자율 주행 로봇은 주로 어디에서 사용할까요?

인공 지능(AI)과 센서를 탑재한 자율 주행 로봇은 다양한 분야에서 쓰이고 있어요. 서빙 로봇이 식당에서 음식을 나르고, 배달 로봇이나 드론 로봇이 식료품을 배달해요. 공장이나 물류 센터 같은 산업 현장에서는 자율 주행 로봇이 부품을 조립하거나 상품을 운반하지요. 앞으로 농업, 돌봄, 교통 분야까지 자율 주행 로봇이 활용돼 우리 생활 속에 한층 더 깊이 자리 잡을 거예요.

**어휘력 높이기**

✦ **자율 주행**
운전하는 사람 없이 자동차 등의 이동 수단이 스스로 움직이는 것.

✦ **인건비**
사람을 부리는 데 드는 비용.

✦ **인명**
사람의 목숨.

✦ **기피하다**
꺼리거나 싫어해 피하다.

**Day 63. 정치**

# 한밤중 대한민국에 계엄령이?

✦ 키워드 : 계엄령, 계엄 해제, 탄핵

자정을 앞둔 2024년 12월 3일 밤, 서울특별시 여의도 국회 잔디 축구장에 헬기가 줄줄이 착륙했습니다. 무장한 군인들은 건물 유리창을 깨고 국회 안으로 들어갔습니다. 윤석열 전 대통령이 **계엄령**을 선포하면서 벌어진 일입니다. 윤 전 대통령은 **국회가 정부 기능을 마비시켜 나라가 위기에 처했다**는 이유를 들며 이날 밤 비상계엄을 선포했습니다. 우리나라에서 계엄이 선포된 건 1979년 이후 45년 만입니다.

대통령이 계엄을 선포하면 군인으로 이루어진 계엄 사령부가 설치됩니다. 계엄 사령부는 국민의 기본권을 제한할 수 있습니다. 실제로 이날 계엄령이 선포된 후 국회와 정당의 정치 활동을 금지하고, 모든 언론과 출판은 계엄 사령부의 통제를 받는다는 내용의 포고령이 내려졌습니다.

**계엄 해제**를 요구할 수 있는 유일한 곳은 국회 의원들이 모여 있는 국회입니다. 전체 국회 의원의 절반 이상이 계엄의 해제를 요구하면 대통령은 이에 따라야 합니다. 계엄령 선포 이후 국회 의원들은 즉시 국회에 모여 참석 의원 190명 전원 일치로 비상계엄 해제를 요구했습니다. 이에 따라 12월 4일 오전 4시 반에 비상계엄이 해제됐습니다.

비상계엄은 약 6시간 만에 일단락됐지만 국회는 윤 전 대통령의 계엄 선포가 헌법에 어긋난다며 **탄핵**을 추진했습니다. 계엄령 선포 및 해제 후 4개월이 지난 2025년 4월 4일, 헌법 재판소는 만장일치로 윤 전 대통령의 파면을 선고했습니다.

### 핵심 주제 파악하기

> 윤 전 대통령이 2024년 12월 3일 밤, 비상계엄을 선포했다.

### 배경 지식 넓히기

#### 언제 계엄령을 선포하나요?

우리나라 헌법에는 전쟁 같은 국가 비상사태가 생겼을 때 대통령이 계엄을 선포할 수 있다고 명시돼 있어요. 아주 위급한 상황에서 신속하게 국민의 안전을 지키기 위해 계엄을 선포하는 거지요. 평소에는 나라의 중요한 일을 결정할 때 매우 복잡한 절차를 거쳐야 하기 때문이에요. 계엄이 선포되면 우리가 평소에 따르던 법 대신 '계엄법'이라는 임시법에 따라 군인들이 사회를 통제할 수 있어요.

### 어휘력 높이기

✦ **계엄**
국가에 비상사태가 일어났을 때 군대가 임시로 정부의 권한을 대신함.

✦ **포고령**
사람들에게 널리 알리는 명령이나 법령.

✦ **탄핵**
대통령, 법관 등을 국회에서 해임하거나 처벌하는 일.

✦ **일단락되다**
일의 한 단계가 끝나다.

Day 64. 사회

# 청각 장애가 있는 사람들이 비상계엄 당시 떨었던 이유

◆ 키워드 : 수어, 청각 장애, 권리

"전쟁이 났나요?"
비상계엄이 선포된 2024년 12월 3일 밤, 전국 곳곳의 **수어** 통역 센터에는 문의 전화가 빗발쳤습니다. 윤석열 전 대통령이 대국민 담화를 발표하던 당시 수어 통역이 제공되지 않아 수어를 사용하는 **청각 장애**가 있는 사람들은 상황을 제대로 파악할 수 없었기 때문입니다.

계엄 선포와 같은 중대한 상황에서 청각 장애가 있는 약 34만 명의 사람들은 헌법에서 보장하는 정보 접근권, 알 권리, 평등권을 침해당한 것입니다.

우리나라에서 사용하는 수어는 한국어에 기반해 만들어진 것이라도 문법 체계와 규칙이 일반적인 한국어와 전혀 다릅니다. 따라서 청각 장애가 있는 사람들은 수어 통역이 없으면 한글 자막이나 관련 뉴스 기사를 읽더라도 내용을 온전히 파악하기 어렵습니다. 청각 장애 관련 단체인 코다코리아가 "계엄과 같은 비상 상황에서 청각 장애가 있는 사람들의 정보 접근권을 보장하라!"는 제목의 성명서를 발표한 이유가 여기에 있습니다.

수어 통역은 법으로 보장하는 권리이기도 합니다. 2016년에 만들어진 한국 수화 언어법에 따르면, 수어는 청각 장애가 있는 사람들의 고유 언어로, 수어 사용자는 모든 생활 영역에서 수어를 통해 정보를 제공받을 **권리**가 있습니다.

그런데도 이 같은 권리가 제대로 지켜지지 않자 국회에서는 정부의 주요 발표가 있을 때 의무적으로 수어 통역을 제공하도록 하는 법안을 내기도 했습니다.

**핵심 주제 파악하기**

계엄 선포 당시 청각 장애가 있는 사람들은 헌법에서 보장하는 정보 접근권, 알 권리, 평등권을 침해당했다.

**배경 지식 넓히기**

### 나라마다 수어가 다른가요?

각 나라에 고유한 음성 언어가 있듯이 청각 장애가 있는 사람들을 위한 수어도 그 문화와 언어에 따라 독자적으로 발달해 왔어요. 우리나라에서는 '한국 수어'를, 미국에서는 '미국 수어'를 사용하지요. 두 수어는 손 모양과 문법 구조가 전혀 달라 소통할 수 없어요. 수어는 단순히 손짓으로 음성 언어를 표현하는 것이 아니라, 각 언어권의 고유한 문법과 표현을 담은 독자적인 언어예요.

**어휘력 높이기**

✦ **정보 접근권**
언어, 장애, 연령, 지역 등에 관계 없이 필요한 정보에 접근하고 이용할 수 있는 권리.

✦ **알 권리**
공공의 일을 파악하고, 이를 바탕으로 판단하고 참여할 수 있는 권리.

✦ **평등권**
모든 영역에서 차별받지 않을 권리.

✦ **침해하다**
영역이나 권리 등을 넘어 들어가 해를 끼치다.

# 우리나라 최초로 노벨 문학상 수상자가 탄생하다

**◆ 키워드 : 한강, 노벨 문학상**

매년 노벨상 시상식이 열리는 스웨덴 스톡홀름 콘서트홀, 현지 시간으로 2024년 12월 10일에 검은 드레스를 입은 소설가 **한강**이 스웨덴 국왕 칼 구스타프 16세 앞에 섰습니다. 국왕이 메달을 목에 걸어 주고 증서를 내밀자, 시상식에 참석한 모든 사람이 기립박수를 쳤습니다. 한국인 **최초**이자 아시아 여성 최초의 **노벨 문학상** 수상자가 탄생하는 역사적인 순간이었습니다.

2024년 노벨 문학상 수상자로 선정된 한강은 폭력 속에서 드러나는 인간의 모습을 탐구했습니다. 소설 『채식주의자』에서는 가족 내 가부장제와 그로 인한 폭력을 다뤘고, 『소년이 온다』에서는 5·18 민주화 운동 당시 국가가 벌인 폭력에 맞서거나 폭력에 무너지는 다양한 인간의 모습을 그렸습니다. 스웨덴 한림원은 한강의 소설이 '역사적 상처를 직시하며 인간 삶의 취약성을 드러내는 강렬한 시적 산문'이라는 점을 노벨 문학상 선정 이유로 밝혔습니다. 수상 발표 이후 전 세계에서 '한강 신드롬'이 일어났습니다. 가장 큰 기쁨을 누린 건 우리나라 독자들입니다. 노벨 문학상 작품을 원어인 우리말 그대로 읽을 수 있기 때문입니다. 덕분에 국내 서점가에선 한강의 소설이 품절 대란을 일으키기도 했습니다.

**핵심 주제 파악하기**

2024년에 소설가 한강이 우리나라 최초이자 아시아 여성 최초로 노벨 문학상을 수상했다.

**배경 지식 넓히기**

### 노벨상 수상자는 어떻게 정해요?

노벨상은 스웨덴의 발명가 알프레드 노벨이 남긴 유언에 따라 만들어졌어요. 물리학, 화학, 경제학, 의학, 문학, 평화 분야에서 인류에 크게 기여한 업적을 평가해 수상자를 선정해요. 역대 수상자와 학자, 대학교와 학술 단체 직원 등 각 분야마다 약 3000명에게서 추천받고, 여러 단계의 심사를 거쳐 매년 10월에 발표돼요. 후보자도 수상자도 자신이 심사 대상이라는 사실을 알 수 없도록 비밀리에 진행돼요.

**어휘력 높이기**

✦ **기립 박수**
자리에서 일어나 힘차게 치는 박수.

✦ **산문**
형식에 얽매이지 않고 자유롭게 쓴 글. 소설, 수필, 기행문 등이 있음.

✦ **신드롬**
마치 전염병이 휩쓸듯 무언가를 좋아하는 현상이 전체를 휩쓺.

✦ **밝히다**
드러나지 않거나 알려지지 않은 사실, 내용, 생각을 알리다.

# 정명훈, 라 스칼라 극장의 음악 감독이 되다

✦ 키워드 : 지휘자, 음악 감독, 동양인

이탈리아 밀라노의 라 스칼라 극장은 세계 최고의 오페라 극장으로 손꼽히는 곳입니다. 주세페 베르디의 「나부코」, 자코모 푸치니의 「나비 부인」과 「투란도트」 등 수많은 명작이 이곳에서 처음 공연됐을 정도로 오랜 역사와 권위를 자랑하며 전 세계 음악가에게 꿈의 무대로 여겨집니다.

2025년 5월, 라 스칼라 극장은 우리나라 출신의 세계적인 **지휘자** 정명훈을 차기 **음악 감독**으로 선임했다고 발표했습니다. **동양인** 최초로 음악 감독에 선임되는 역사적인 순간이었습니다. 음악 감독은 단순 지휘자를 넘어 극장의 예술적 방향과 정체성을 총괄하는 중요한 자리로, 탁월한 음악적 역량과 지도력이 요구됩니다.

그동안 라 스칼라 극장의 음악 감독은 대부분 이탈리아 출신 음악가가 맡아 왔습니다. 그런데 이런 전통을 깨고 정명훈이 음악 감독으로 선임됐다는 소식은 전 세계를 떠들썩하게 했습니다.

정명훈은 이탈리아 최고의 오페라 작곡가 주세페 베르디의 작품을 가장 잘 해석하는 지휘자로 꼽힙니다. 라 스칼라 극장은 '정명훈은 역사상 가장 위대한 베르디 지휘자 중 한 명'이라며 그를 음악 감독으로 선임한 이유를 설명했습니다.

**핵심 주제 파악하기**

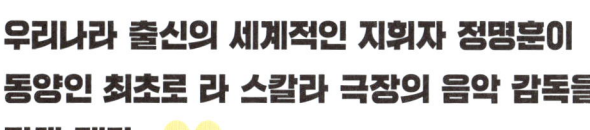

우리나라 출신의 세계적인 지휘자 정명훈이 동양인 최초로 라 스칼라 극장의 음악 감독을 맡게 됐다.

**배경 지식 넓히기**

### 오페라가 뭐예요?

오페라는 노래, 연기, 음악, 무대 미술이 어우러진 종합 예술이에요. 성악가는 노래와 연기를 통해 이야기를 전달하고, 관현악단은 다양한 악기를 연주하며 공연을 채우지요. 오페라에서는 사랑, 갈등, 죽음, 희망 등 다양한 주제를 다뤄요. 오페라는 16세기 말에 이탈리아에서 시작된 음악 장르로, 주로 이탈리아어, 독일어, 프랑스어 등 유럽의 언어로 공연돼요. 작곡가도 주세페 베르디, 리하르트 바그너, 자코모 푸치니, 아마데우스 모차르트처럼 주로 유럽 출신이지요.

**어휘력 높이기**

✦ **지휘자**
오케스트라나 합창단 등에서 연주자들을 이끌며 음악의 흐름, 속도, 감정을 조율하는 사람.

✦ **정체성**
변하지 않는 본질적인 특성.

✦ **역량**
어떤 일을 해낼 수 있는 힘.

✦ **선임하다**
여러 사람 가운데서 어떤 임무를 맡을 사람을 골라 임명하다.

# 꿀벌이 사라지면 생기는 일

◆ 키워드 : 군집 붕괴 현상, 식량 위기

매일 약 1만 송이의 꽃을 오가며 수분 활동을 하는 꿀벌은 과일과 채소를 생산하는 농가에서 가장 유능한 일꾼입니다. 사과, 배, 오이, 수박, 참외 등 인류가 먹는 농작물의 약 70퍼센트(%)는 꿀벌의 수분 활동을 통해 열매를 맺습니다. 이런 이유로 많은 농가는 꿀벌을 키우는 양봉 농가에서 꿀벌을 빌려 농사를 짓습니다.

그런데 최근 들어 과일, 채소를 생산하는 농가에서 꿀벌을 구하지 못해 어려움을 겪고 있습니다. 꿀과 꽃가루를 구하러 간 일벌이 돌아오지 않아 여왕벌과 유충이 죽는 **군집 붕괴 현상**이 잇따르고 있기 때문입니다.

군집 붕괴 현상은 2000년대 중반부터 세계적인 문제로 떠올라 현재는 꿀벌의 멸종을 우려해야 하는 상황에 이르렀습니다. 국제연합(UN)은 2017년에 전 세계 벌의 3분의 1이 멸종 위기에 놓여 있다고 경고하기도 했습니다. 우리나라에서도 매년 봄마다 수십억 마리의 꿀벌이 한꺼번에 사라지고 있습니다.

군집 붕괴 현상의 가장 큰 원인은 지구 온난화입니다. 따뜻한 겨울 날씨로 인해 겨울잠을 자던 꿀벌들이 계절을 착각해 일찍 벌통 밖으로 나갔다 돌아오지 못하는 일이 잦아졌습니다.

전문가들은 군집 붕괴 현상이 인류에게 **식량 위기**를 가져올 것이라고 경고합니다. 꿀벌이 사라지면 과일과 채소의 생산량은 크게 줄고, 가격도 오를 것입니다. 사람이 인공적으로 수분을 하더라도 꿀벌만큼 빠르게 하기는 어려우며 인건비도 많이 듭니다. 결국 이러한 문제 때문에 빈곤 국가나 빈곤층이 식량 확보에 더욱 어려움을 겪을 수 있습니다.

**핵심 주제 파악하기**

> 전문가들은 군집 붕괴 현상이 인류에게 식량 위기를 가져올 거라고 경고한다.

**배경 지식 넓히기**

### 수분이 뭐예요?

식물이 꽃을 피우고 열매를 맺으려면 반드시 수분이 이뤄져야 해요. 수분은 꽃의 수술에 있는 꽃가루가 암술에 옮겨 붙는 것을 말해요. 그런데 꽃가루가 저절로 암술로 옮겨 가는 건 아니에요. 꿀벌 같은 곤충들이 도와줘야 해요. 꿀벌은 꿀을 먹기 위해 하루 종일 꽃들 사이를 돌아다녀요. 그러면서 꽃가루를 수술에서 암술로 옮겨요. 꿀벌 덕분에 수분이 이뤄지고, 식물은 열매를 맺을 수 있어요.

**어휘력 높이기**

✦ **양봉**
꿀을 얻기 위해 벌을 기름.

✦ **군집**
서로 관계를 맺고 함께 생활하는 생물의 무리.

✦ **붕괴**
무너져 없어지거나 제 역할을 못 하게 됨.

✦ **잇따르다**
어떤 사건이나 행동 따위가 이어 발생하다.

# 묻지 마 범죄에 고개 드는 사형제 부활론

◆ 키워드 : 이상 동기 범죄, 사형제

전라남도 순천시에서 아픈 아버지의 약을 사기 위해 늦은 밤 외출했던 여고생이 무참히 살해됐습니다. 경찰에 붙잡힌 범인은 여고생과 모르는 사이였고, 범행을 저지를 만한 동기도 없었습니다. 이처럼 특별한 이유 없이 불특정 다수를 다치게 하는 범죄를 '**이상 동기 범죄**' 또는 '묻지 마 범죄'라고 부릅니다.

이러한 이상 동기 범죄 같은 흉악 범죄가 발생할 때마다 우리나라에서는 **사형제**를 부활시켜야 한다는 여론이 고개를 듭니다. 우리나라는 법적으로 사형이 가능한 나라지만 1997년 12월 이후 한 번도 사형을 집행한 적이 없습니다. 인권 보호를 위해 사형 제도를 없애야 한다는 목소리가 높았기 때문입니다. 국제 사회는 우리나라를 사실상 사형 제도가 폐지된 나라로 봅니다.

하지만 2019년부터 2024년까지 5년간 이상 동기 범죄가 383건이나 발생하면서 점점 더 많은 사람이 사형제 부활을 주장하고 있습니다. 흉악범에게 합당한 처벌을 내리고, 비슷한 범죄가 또다시 발생하지 않게 막으려면 사형을 집행해 본보기로 삼아야 한다는 것입니다. 또 일본, 미국, 중국 등 주요 국가들이 여전히 사형을 집행한다는 점을 근거로 들며 우리나라만 사형을 폐지할 이유가 없다고 주장하기도 합니다.

### 핵심 주제 파악하기

> 흉악 범죄가 발생할 때마다 우리나라에서는 사형제를 부활시켜야 한다는 여론이 고개를 든다.

### 배경 지식 넓히기

**흉악범들은 사형 대신 어떤 벌을 받아요?**

범죄자는 '형법'에 따라 벌을 받아요. 형법 제41조에서는 사형, 징역 등 총 9가지 벌을 줄 수 있다고 정하고 있어요. 사형 다음으로 가장 무거운 형벌은 기간을 정하지 않고 평생 감옥에 가두는 무기 징역이에요. 우리나라는 수십 년째 사형을 집행하지 않고 있어서 사형 선고를 받은 사람은 남은 생을 감옥에서 보내야 해요.

### 어휘력 높이기

✦ **동기**
어떤 행동이나 생각을 하게 된 원인이나 계기.

✦ **불특정 다수**
특별히 정하지 않은 많은 수.

✦ **본보기**
어떤 조치를 취하기 위해 대표로 내세워 보이는 것.

✦ **폐지하다**
실시하던 제도나 법규 따위를 그만두거나 없애다.

# 흉악범은 사형에 처해야 할까?

**무고한 사람의 목숨을 빼앗은 흉악범은
사형에 처해야 해요.**

무고한 사람의 목숨을 빼앗은 흉악한 범죄자라면 똑같이 목숨을 빼앗아 충분한 죗값을 치르게 해야 해요. 그래야 범죄를 계획하고 있는 다른 흉악범들에게 본보기가 되고, 또 다른 강력 범죄를 예방할 수 있어요.

사형 다음으로 무거운 형벌인 무기 징역은 세금으로 범죄자들이 머무는 교도소를 운영한다는 점에서 대다수 국민의 반발을 살 수밖에 없어요. 흉악범들이 자연스럽게 생을 마칠 때까지 생활비를 부담하고 싶어 하는 국민이 있을까요? 국민이 낸 세금은 보다 가치 있는 곳에 쓰여야 해요.

게다가 무기 징역으로는 흉악범을 사회에서 완벽하게 분리할 수도 없어요. 무기 징역형은 20년 복역 후 가석방 심사를 받을 수 있기 때문에 언제든 흉악범이 사회로 돌아올 가능성이 남아 있어요. 끝으로 피해자와 가족들을 충분히 위로하고 피해를 보상하기 위해서라도 사형을 집행해야 마땅해요. 피해자는 물론 피해자 가족들의 삶마저 파괴한 흉악범이 인권과 생명권을 존중한다는 명목으로 버젓이 살아 있는 것은 불공평해요.

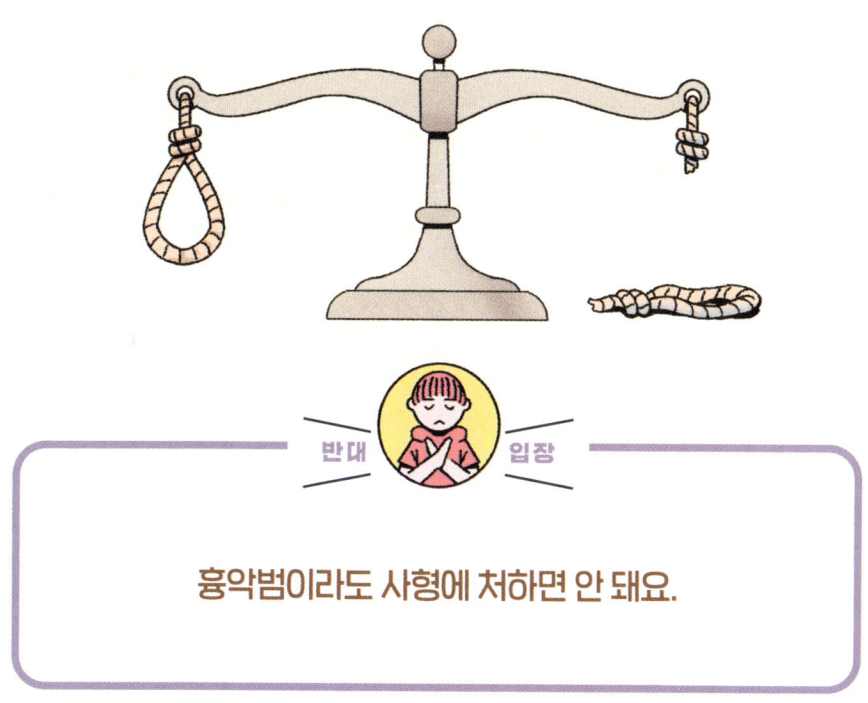

### 흉악범이라도 사형에 처하면 안 돼요.

사형도 결국 또 다른 살인일 뿐이에요. 범죄자 역시 존엄한 인간이며 국가는 물론 그 누구도 다른 사람의 생명을 빼앗을 권리는 없어요. 범죄자에게 벌을 주는 목적 중 하나는 죄를 인정하고 뉘우치도록 하는 거예요. 하지만 사형은 범죄자들에게 반성할 기회조차 주지 않고 목숨을 빼앗는 거예요. 게다가 잘못된 수사나 재판으로 인해 억울한 사람이 사형을 선고받는다면 그 결과는 돌이킬 수 없어요. 사형이 범죄 억제에 효과적이라는 주장도 있지만, 이는 명확한 근거가 없어요. 사형제를 시행하는 나라와 그렇지 않은 나라의 범죄율에 큰 차이가 없는 것으로 조사됐어요.

이런 이유로 전 세계의 많은 나라가 사형제 폐지에 동참하고 있어요. 국제 연합(UN) 자유권위원회와 고문방지위원회는 사형제를 유지하는 국가들에 사형제 폐지를 여러 차례 요구했어요. 우리나라가 사형제를 계속 유지하면 국제 사회는 우리나라를 인권을 존중하지 않는 나라라고 여길 수 있어요. 이는 우리나라 외교는 물론 세계를 무대로 활동하는 기업과 우리 국민에게 피해를 줄 수 있어요.

# 사시사철 푸르른 소나무, 애물단지가 된 이유

✦ 키워드 : 산불, 침엽수, 활엽수

2025년 3월, 경상북도에서 사상 최대 규모의 **산불**이 발생했습니다. 산불은 약 150시간 동안 축구장 6300개에 달하는 4만 5157헥타르(ha)의 산림을 태웠고, 수많은 사람이 삶의 터전을 잃었습니다.

산불이 오랜 시간 이어진 이유로 산불에 **취약한 소나무**가 지목되고 있습니다. 산불이 크게 발생한 의성, 안동, 청송, 영양, 영덕 등 경상북도 지역은 산림 면적 중 소나무 숲이 차지하는 비율이 35퍼센트(%)로, 전국에서 가장 높습니다.

**침엽수**인 소나무는 송진에 기름 성분이 포함돼 있어 쉽게 불이 붙고, 불에 타는 시간이 **활엽수**보다 약 2배 이상 길어 불을 끄기 어렵습니다. 또한 사시사철 푸르게 유지되는 소나무의 잎은 겨울철에도 불이 잘 옮겨 붙게 하며, 얇고 길쭉한 바늘잎은 불을 쉽게 옮겨붙게 하는 불쏘시개 역할을 합니다. 이러한 특성 때문에 전문가들은 산불에 취약한 침엽수보다는 산불에 강한 활엽수를 중심으로 숲을 조성하고, 소나무가 과도하게 밀집하지 않도록 관리하는 것이 중요하다고 조언합니다.

## 핵심 주제 파악하기

**2025년에 경상북도에서 일어난 산불이 오랜 시간 이어진 원인으로 산불에 취약한 소나무가 지목되고 있다.**

## 배경 지식 넓히기

### 침엽수와 활엽수는 뭐가 달라요?

침엽수는 잎이 바늘처럼 뾰족하고 길쭉해요. 소나무, 전나무, 잣나무 등이 여기에 속해요. 침엽수는 대부분 잎이 사시사철 푸르고 잘 떨어지지 않는 상록수로, 주로 추운 지역에서 잘 자라요. 반면 활엽수는 잎이 넓고 얇아요. 참나무, 단풍나무, 자작나무 등이 여기에 속해요. 주로 따뜻한 기후에서 잘 자라며 날씨가 추워지면 광합성을 멈추면서 잎이 떨어지는 낙엽수가 많아요. 그래서 활엽수가 많은 곳엔 낙엽이 많지요.

## 어휘력 높이기

✦ **송진**
침엽수에서 나오는 끈적한 액체로, 기름 성분이 들어 있음.

✦ **사시사철**
봄 여름 가을 겨울 내내.

✦ **불쏘시개**
불을 피울 때 불이 쉽게 옮겨붙게 하기 위해 먼저 태우는 물건.

✦ **조성하다**
무엇을 만들어서 이루다.

Day 71. 역사

# 안중근 의사의 글씨, 113년 만에 고국으로

◆ 키워드 : 안중근, 유묵, 순국

1909년, 중국의 하얼빈역에서 일본의 정치가 이토 히로부미를 사살한 **안중근** 의사는 사형 집행 직전까지도 매일같이 붓을 잡고 글씨를 썼습니다. 그런데 안타깝게도 안중근 의사의 **유묵** 중 대부분은 그의 유해처럼 우리나라로 돌아오지 못했습니다.
그런데 2023년 12월, 안중근 의사가 **순국 직전에 쓴 유묵이 경매를 통해 113년 만에 우리나라로 돌아왔습니다.**
안중근 의사가 순국 직전에 쓴 유묵에는 '용호지웅세 기작인묘지태(龍虎之雄勢 豈作蚓猫之態)'라는 글씨가 힘 있고 당당한 필치로 적혀 있습니다. 이는 '용과 호랑이의 웅장한 형세를 어찌 지렁이와 고양이의 모습에 비견하겠는가.'라는 의미입니다. '경술년 삼월 뤼순 감옥에서 대한국인 안중근이 쓰다.'라는 문장과 안중근 의사의 손도장도 선명하게 찍혀 있습니다.

그동안 한 일본인이 이 유묵을 소장하고 있었던 것으로 알려졌습니다. 이 유묵은 19억 5000만 원에 낙찰되었는데, 지금까지 경매에 나온 안중근 의사의 유묵 중 가장 높은 가격입니다.
안중근 의사는 사형을 선고받은 1910년 2월 14일부터 순국한 3월 26일까지 200여 점의 글씨를 쓴 것으로 추정됩니다. 지금까지 유묵의 상당수가 일본에 남아 있으며, 약 40점이 경매와 기증 등을 통해 우리나라로 돌아왔습니다. 그중 31점은 국가유산 보물로 지정됐습니다.

**핵심 주제 파악하기**

안중근 의사가 순국 직전에 쓴 유묵이 113년 만에 우리나라로 돌아왔다.

**배경 지식 넓히기**

### 1909년 10월 26일, 하얼빈역에서는 무슨 일이 있었어요?

1909년 10월 26일 오전 9시, 안중근 의사가 하얼빈역에서 일본의 정치가 이토 히로부미가 탄 기차를 기다리고 있었어요. 기차가 하얼빈역에 도착하자 안중근 의사는 이토 히로부미를 향해 세 발의 총알을 발사하고, '대한 만세!'를 외쳤어요. 이토 히로부미는 그 자리에서 숨졌고, 안중근 의사는 중국 랴오닝성 뤼순 감옥에 갇혀 있다가 1910년에 사형됐어요. 안중근 의사는 재판에서 자신은 의병의 장교로서 동양 평화를 해친 이토 히로부미를 저격한 것이니 죄가 될 수 없다고 주장했어요.

**어휘력 높이기**

✦ **의사**
나라를 위해 목숨을 바쳐 싸운 사람 중 무력을 사용해 맞선 사람.

✦ **유묵**
죽은 사람이 생전에 남긴 글이나 그림.

✦ **순국**
나라를 위해 목숨을 바침.

✦ **비견하다**
같은 위치에서 비교하다.

Day 72. 사회

# 도미노가 쓰러지듯 도시가 사라진다

✦ 키워드 : 지방 소멸, 소멸 위험 지역

새로 태어나는 아기는 없고, 노인만 사는 마을이 있다면 어떻게 될까요?
어린이를 위한 학교, 병원, 놀이터 등이 점점 없어지고 남아 있던 어린이와 그 가족마저 마을을 떠나 인구는 차츰 줄어들 것입니다. 마을 인구가 계속 줄어들다가 결국 마지막 남은 주민까지 세상을 떠나거나 이사를 가면 마을은 텅 비게 됩니다. 이런 현상을 **지방 소멸**이라고 합니다. 지방 소멸은 도미노가 쓰러지듯 연쇄적으로 진행됩니다. 한국고용정보원에 따르면, 2025년 기준 우리나라 228개(세종자치시 미포함) 시·군·구 중의 약 130곳은 **소멸 위험 지역**입니다. 우리나라 시·군·구의 절반 이상이 사라질 위기에 처해 있는 것입니다. 소멸 위험 지역은 65세 이상 노인 인구가 가임기에 해당하는 20~39세 여성의 수보다 2배 이상 많은 곳을 말합니다.

소멸 위험 지역은 매년 꾸준히 늘고 있습니다. 2019년에는 93곳 정도였지만 2020년에는 105곳, 2023년에는 118곳으로 증가했습니다. 대도시보다 지방 소도시의 소멸 위험이 높지만 최근에는 부산광역시 등 대도시의 일부 지역도 소멸 위험 지역에 포함됐습니다.

소멸 위험 지역이 가장 많은 곳은 경상북도입니다. 경상북도의 22개 시·군·구 중에 90퍼센트(%)에 해당하는 20곳이 소멸 위험 지역으로 나타났습니다. 2만 명이 넘는 경상북도의 인구 중 가임기 여성은 1000여 명에 불과합니다. 이들이 모두 결혼해서 아이를 낳는다고 해도 경상북도의 인구 감소와 지방 소멸 문제는 막을 방법이 거의 없을 정도로 심각합니다.

### 핵심 주제 파악하기

**2025년 현재, 우리나라는 시·군·구의 절반 이상이 사라질 위기에 있다.**

### 배경 지식 넓히기

**사람들은 왜 지방 소도시를 떠나 대도시로 갈까요?**

어린이가 건강하게 자라려면 많은 것이 필요해요. 학교, 병원, 도서관 같은 시설뿐 아니라 함께 뛰어놀 친구들도 있어야 해요. 또한 어린이를 키우는 보호자가 다닐 직장도 필요하지요. 그런데 지방 소도시는 대도시에 비해 학교, 병원이 부족하고 일자리도 적어요. 그래서 보호자들은 자녀를 더 좋은 환경에서 키우기 위해 생활 여건이 더 좋은 대도시로 떠나는 경우가 많아요.

### 어휘력 높이기

✦ **현상**
나타나 보이는 현재의 상태.

✦ **연쇄적**
사물이나 현상이 서로 연결돼 있는 것.

✦ **가임기**
임신할 수 있는 기간.

✦ **불과하다**
그 수량이나 수준이 넘지 못한 상태이다.

# 학교에 신입생이 사라졌다

✦ 키워드 : 학령 인구, 저출산, 폐교

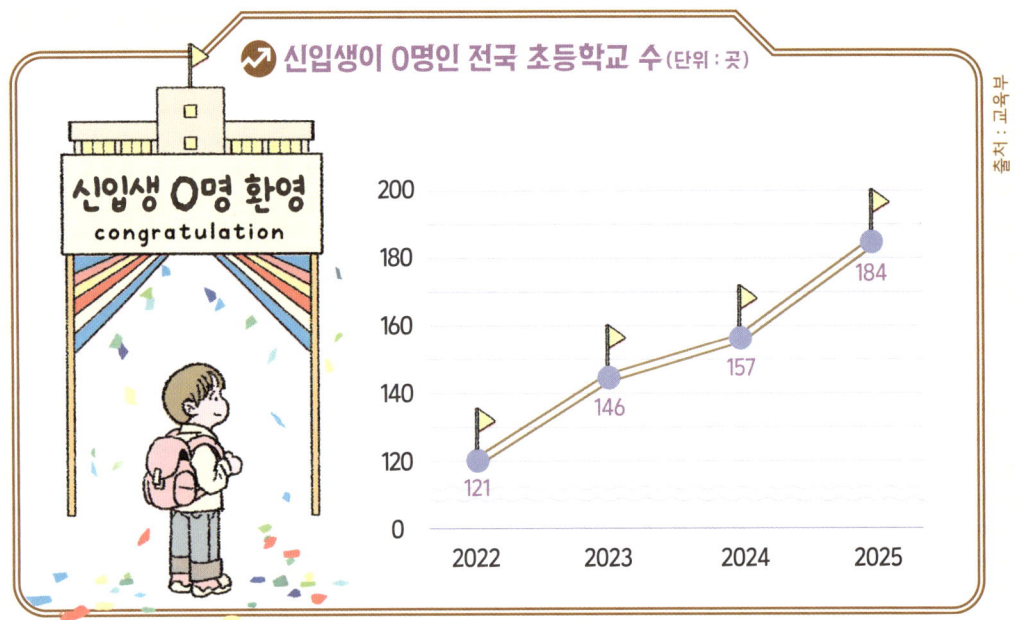

신입생이 0명인 전국 초등학교 수 (단위 : 곳)

출처 : 교육부

- 2022: 121
- 2023: 146
- 2024: 157
- 2025: 184

매해 3월이면 전국의 초등학교에서 입학식이 열립니다. 그런데 최근 지방 소도시에서는 신입생이 1명도 없어 입학식을 하지 못하는 초등학교가 크게 늘고 있습니다.

교육부 자료에 따르면, 전국에서 신입생이 없는 초등학교의 수는 2022년 121곳, 2023년 146곳, 2024년 157곳, 2025년 184곳으로 4년 동안 꾸준히 늘었습니다. 이처럼 신입생이 없는 학교가 늘어난 이유는 1990년대까지만 해도 매년 약 60만 명씩 태어나던 신생아 수가 2000년대 초반부터 급격하게 줄면서 의무 교육을 받을 나이의 아동인 **학령 인구**도 줄었기 때문입니다.

특히 최근에는 **저출산** 현상이 심해지면서 연간 출생아 수가 20만 명대로 떨어졌습니다. 신입생을 계속 받지 못하면 학교는 언젠가 **폐교**할 수밖에 없습니다.

### 그래프 해석하기

**1) 꺾은선 그래프의 가로축인 x축과 세로축인 y축은 각각 무엇을 나타내나요?**

x축은 연도를 나타내고, y축은 초등학교 수를 나타내요. 이 꺾은선 그래프는 최근 4년간 1학년 신입생이 0명인 전국의 초등학교 수를 보여 줘요.

**2) 꺾은선 그래프가 나타내는 것은 무엇인가요?**

꺾은선 그래프는 시간의 흐름에 따라 나타나는 변화를 한눈에 파악할 수 있는 그래프예요. 신입생이 0명인 초등학교가 꾸준히 늘고 있다는 것을 알 수 있어요.

**3) 기사에서 말하고자 하는 주제는 무엇인가요?**

저출산 현상으로 인해 전국에 신입생이 0명인 초등학교가 점점 늘고 있어요.

### 어휘력 높이기

✦ **신입생**
새로 입학한 학생.

✦ **의무 교육**
일정한 연령의 아동이 의무적으로 받아야 하는 보통 교육.

✦ **폐교**
학교 운영을 그만둠.

✦ **급격하다**
변화나 움직임 따위가 갑자기 매우 빠르고 세차다.

Day 74. 경제

# 나라 살림에 구멍이 났다?

◆ 키워드 : 세금, 나라 살림, 재정 적자

용돈 기입장을 쓰면 자신의 수입과 지출을 한눈에 파악할 수 있어서 소비 습관을 조절하는 데 도움이 됩니다. 마찬가지로 국가 재정도 수입과 지출을 잘 조절해서 써야 합니다.

정부는 국민에게서 **세금**을 걷어 그 돈으로 교육, 복지, 국방, 공공사업 등 다양한 곳에 지출합니다. 우리는 가진 용돈보다 더 많은 돈을 쓸 수 없지만 정부는 경제에 활력을 불어넣거나 국민에게 복지 혜택을 주기 위해 수입보다 더 많은 돈을 지출하기도 합니다. 이렇게 수입보다 지출이 많은 것을 적자라고 하고, **나라 살림**이 적자인 경우를 '**재정 적자**'라고 합니다.

우리나라의 재정 적자 규모가 최근 몇 년간 크게 늘었습니다. 2017년에서 2018년에는 한 해의 재정 적자 규모가 20조 원을 넘지 않았지만 2024년에는 무려 104조 8000억이라는 어마어마한 규모의 재정 적자가 발생했습니다.

재정 적자가 커진 이유는 경기 침체로 기업들의 수익이 줄어들면서 기업들이 내는 세금인 법인세가 크게 줄었기 때문입니다. 게다가 급격한 고령화로 세금을 내는 사람이 줄어들고 있는 반면에 복지 혜택을 받는 사람은 늘어나고 있습니다. 이런 상황 속에서 재정 적자 규모는 더욱 커질 가능성이 높습니다.

재정 적자가 계속 쌓인다면 10년, 20년 뒤에 나라 경제를 책임질 미래 세대의 부담으로 이어질 수밖에 없습니다.

**핵심 주제 파악하기**

**최근 몇 년간 우리나라의 재정 적자 규모가 크게 늘었다.**

**배경 지식 넓히기**

### 세금은 누가 내요?

정부는 세금으로 나라의 살림살이를 운영해요. 학교에서 무상 급식을 하고, 아플 때 병원에서 저렴한 비용으로 치료를 받을 수 있는 건 국민이 낸 세금 덕분이에요. 세금은 국민이라면 모두가 내요. 돈을 벌면 개인은 소득세를 내고, 기업은 법인세를 내요. 또한 대부분의 물건과 서비스 가격에는 부가세가 포함돼 있어서 물건을 사거나 서비스를 이용할 때도 세금을 내지요.

**어휘력 높이기**

✦ **세금**
국가나 지방 단체가 경비로 사용하기 위해 국민이나 주민으로부터 거둬들이는 돈.

✦ **경기 침체**
생산과 소비가 모두 줄고, 투자와 각종 거래도 활발하지 못함.

✦ **고령화**
한 사회에서 노인 인구의 비율이 높은 상태.

✦ **지출하다**
목적을 위해 돈이나 자원을 사용하다.

## 사이버 도박 운영자, 잡고 보니 10대?

◆ 키워드 : 청소년, 사이버 범죄, 유혹

최근 부산광역시에서 10여 명의 **청소년**으로 이루어진 불법 사이버 도박 조직이 경찰에 붙잡혔습니다. 이들은 SNS에 사이버 도박장을 만들어 운영했는데, 조직의 우두머리는 중학생이었고 관리자는 고등학생이었습니다. 사이버 도박장 이용자 중에는 심지어 초등학생도 있었습니다.

이 사건이 알려지자 많은 사람이 충격을 받았습니다. 청소년이 사이버 공간에서 벌어지는 불법 행위인 **사이버 범죄**를 조직적이고 치밀하게 저질렀기 때문입니다.

청소년의 디지털 기기 사용과 온라인 활동이 늘어나면서 사이버 범죄도 빠르게 증가하고 있습니다. 경찰청 자료에 따르면, 사이버 범죄로 경찰에 잡힌 청소년은 2018년에는 8642명이었지만 2020년에는 1만 2165명으로 크게 늘었습니다. 또한 경찰청 국가수사본부가 2024년 하반기부터 2025년 상반기까지 6개월 동안 청소년을 대상으로 사이버 도박 특별 단속을 벌인 결과, 무려 1035명이 검거됐습니다.

청소년은 기성세대보다 디지털 기술을 다루는 데 능숙합니다. 이런 기술을 활용해서 불법적인 방법으로 쉽게 돈을 벌 수 있다는 사실을 알게 되면 사이버 범죄의 **유혹**에 빠지기 쉽습니다. 전문가들은 어른들이 지금보다 청소년의 온라인 활동에 적극적으로 관심을 기울여야 한다고 지적합니다.

**핵심 주제** 파악하기

> 청소년의 디지털 기기 사용과 온라인 활동이 늘어나면서 사이버 범죄도 빠르게 증가하고 있다.

**배경 지식** 넓히기

### 사이버 범죄가 뭐예요?

사이버 범죄는 인터넷이나 컴퓨터 기술을 이용해서 저지르는 모든 범죄를 말해요. 가장 흔한 범죄는 온라인에서 거짓된 정보와 저작권이 있는 콘텐츠를 불법적으로 퍼뜨리거나 다른 사람의 명예를 훼손하고 모욕하는 거예요. 또 해킹으로 다른 사람의 개인 정보를 빼앗고 이를 멋대로 쓰는 범죄도 자주 일어나요. 최근에는 온라인 공간에서 친구를 괴롭히거나 돈을 빼앗는 사이버 학교 폭력이 늘고 있는데, 이것도 사이버 범죄에 속해요.

**어휘력** 높이기

✦ **도박**
돈이나 비싼 물건 따위를 걸고 내기하는 것.

✦ **단속**
규칙을 어기지 않게 통제함.

✦ **기성세대**
현재 사회를 이끌어 가는 나이가 든 세대.

✦ **검거하다**
수사 기관이 범죄를 저질렀다고 의심되는 사람을 잡다.

Day 76. 역사

# 가짜 뉴스로 벌어진 비극, 간토 대학살

◆ 키워드 : 조선인 희생자, 간토 대학살

매년 9월 1일, 일본 도쿄의 스미다구 요코아미초 공원에는 많은 일본인과 한국인이 모입니다. 간토 대지진 희생자들을 추모하고, 유언비어로 인해 일본인에게 무분별하게 학살된 **조선인 희생자**들의 넋을 위로하는 추도식을 열기 위해서입니다. 그런데 이 자리에 추도식을 방해하려는 일본인들도 나타나곤 합니다. 이들은 '간토 대지진 때 조선인이 학살당했다는 이야기는 거짓말'이라고 주장합니다.

1923년 9월 1일, 일본 간토 지방에서 대지진이 일어나 10만 명 이상이 사망하거나 실종됐습니다. 당시는 일제 강점기로 우리 민족은 일본의 통치를 받고 있었습니다. 이 지진으로 일본은 극심한 사회적 혼란에 빠졌습니다. 그러자 '조선인이 우물에 독을 풀었다.', '조선인이 불을 질렀다.'는 근거 없는 소문이 퍼지기 시작했습니다. 이 소문을 믿은 일본인들은 스스로 꾸린 경비 단체인 자경단을 조직해 무차별적으로 조선인을 학살했습니다. 당시 독립신문은 학살된 조선인이 약 6600명에 이른다고 보도했습니다. 이 사건을 '**간토 대학살**'이라고 합니다.

당시 일본 정부는 사실을 알고 있었지만 국제 사회로부터 비난받는 것이 두려워 이를 숨겼습니다. 간토 대학살이 일어난 지 100여 년이 지난 지금도 일본 정부는 이 사실을 공식적으로 인정하거나 사과하지 않고 있습니다.

수많은 간토 대학살의 증거가 발견됐고, 2023년에는 일본 언론조차 간토 대지진 당시 조선인이 학살당했다는 사실을 확인하고 보도했습니다. 그럼에도 불구하고 여전히 많은 일본 사람이 간토 대학살의 진실을 외면하고 있습니다.

**핵심 주제 파악하기**

간토 대학살이 일어난 지 100여 년이 지났지만 일본 정부는 이 사실을 공식적으로 인정하거나 사과하지 않고 있다.

**배경 지식 넓히기**

### 일본에서 발견된 간토 대학살의 증거가 뭐예요?

2023년 12월에 일본에서 간토 대학살 당시 군대에서 작성한 보고서가 발견됐어요. 이 보고서에는 조선인 학살 사건의 발생 시간과 장소, 범행 동기와 목적, 피해자와 가해자에 관한 정보 등이 자세하게 기록돼 있어요. 특히 충격적인 내용은 일본 경찰의 보호를 받던 조선인들마저 공격을 당해 목숨을 잃었다는 점이에요. 일본 경찰은 살인자를 체포하고 처벌하기는커녕 조선인을 제대로 보호하지도 않았어요.

**어휘력 높이기**

✦ **유언비어**
근거 없이 여기저기 퍼지는 헛소문.

✦ **학살**
수많은 사람을 끔찍하게 마구 죽이는 것.

✦ **추도식**
죽은 사람을 기리는 의식.

✦ **외면하다**
피하거나 받아들이지 않다.

# 태평양 한가운데 거대한 섬의 비밀

**키워드 : 태평양 거대 쓰레기 지대, 생태계, 위기**

태평양 한가운데 마치 섬처럼 보이는 **태평양 거대 쓰레기 지대**, 이곳은 바다에 버려진 전 세계 쓰레기가 해류를 타고 모여서 만들어진 인공 섬입니다.

그런데 이곳엔 쓰레기만 모여 있는 것이 아닙니다. 육지 근처 해안에 살던 해양 생물이 이곳의 쓰레기에 서식하고 있다는 사실이 최근에 확인됐습니다.

최근 미국의 한 연구진은 태평양 거대 쓰레기 지대에서 100여 개의 플라스틱 쓰레기를 수거해 분석했고, 그 쓰레기에서 히드로충, 거위목따개비처럼 육지에서 멀리 떨어진 바다에선 찾아볼 수 없는 생물을 발견했습니다. 해안 근처 암초, 바위, 갯벌에 주로 서식하던 해양 생물이 플라스틱 쓰레기를 타고 서식지를 넓힌 것입니다. 심지어 이들은 군집을 이루고 번식하며 새로운 서식처에 완벽하게 적응한 모습을 보였습니다.

하지만 이곳에 새롭게 자리 잡은 해양 생물 때문에 원양 **생태계**는 **위기**에 처했습니다. 새로운 해양 생물이 들어와 먹이 경쟁을 펼치면서 기존 먹이 사슬과 생태계의 균형이 무너질 위험성이 있기 때문입니다.

### 핵심 주제 파악하기

"육지 근처 해안에 살던 해양 생물이 태평양 거대 쓰레기 지대에 자리 잡으면서 원양 생태계가 위기에 처했다."

### 배경 지식 넓히기

**태평양 거대 쓰레기 지대는 어떻게 만들어졌어요?**

바닷물이 일정한 방향과 속도로 움직이는 흐름을 '해류'라고 해요. 그중에는 크게 소용돌이치면서 둥글게 순환하는 해류도 있어요. 태평양 거대 쓰레기 지대는 세계 각지에서 버려진 플라스틱 쓰레기가 그 해류를 타고 이곳에 모여 점점 쌓이면서 만들어졌어요. 이곳의 면적은 시간이 지날수록 점점 더 넓어지고 있어요.

### 어휘력 높이기

✦ **원양**
육지에서 멀리 떨어진 큰 바다.

✦ **생태계**
바다, 육지 등에 사는 동식물이 서로 교류하며 살아가는 연결망.

✦ **먹이 사슬**
동물과 식물이 서로 먹고 먹히며 이어지는 연결 고리.

✦ **서식하다**
생물이 특정 환경에 자리를 잡고 살다.

Day 78. 만평

# 종이컵은 일회용품이 아니라고?

생각 넓히기

## 친환경 규제를 자꾸 미뤄도 괜찮을까요?

2020년 5월, 정부는 일회용품 보증금제를 도입했어요. 일회용품 보증금제는 음료를 종이컵이나 플라스틱 컵에 담아 구매할 때 300원의 자원 순환 보증금을 내고, 컵을 반환하면 돌려받는 친환경 규제 정책이에요. 정부는 이 제도를 2022년 6월 10일부터 전국적으로 시행하려고 했지만 2022년 12월로 시행을 미루고, 제주특별자치도와 세종특별자치시에서만 시범적으로 운영했어요.

2024년 9월, 정부는 갑자기 이 제도의 시행 결정을 지방 자치 단체가 자율적으로 정하도록 말을 바꿨어요. 카페, 식당 등을 운영하는 자영업자와 소비자 모두 불편하다는 이유였지요. 종이컵뿐 아니라 플라스틱 빨대도 당분간 단속하지 않기로 했어요. 플라스틱 빨대보다 종이 빨대가 더 비싸서 가게를 운영하는 비용이 크게 늘 것이라며 자영업자들이 반발했기 때문이에요. 우리나라의 친환경 규제가 자꾸 미뤄지는 사이 일회용품 쓰레기는 갈수록 늘어나고 있어요.

친환경 규제를 자꾸 미뤄도 괜찮을까요?

자신의 생각을 적어 보세요.

Day 79. 과학

# 한반도는 더 이상 지진 안전지대가 아니라고?

✦ 키워드 : 지진, 한반도, 지진 안전지대

2024년 6월, 전라북도 부안군에서 **지진** 규모 4.8의 지진이 일어나면서 많은 건물의 벽에 금이 가고 창문이 깨지는 등의 피해가 있었습니다. 이 지진은 2024년 **한반도**와 주변 해역에서 발생한 지진 중 가장 강한 지진이었습니다.

우리나라도 더 이상 **지진 안전지대**가 아니라는 경고가 나오고 있습니다. 최근 10년 사이 한반도에서 이전까지 좀처럼 볼 수 없었던 규모 4.0~5.0 이상의 강진이 자주 일어나고 있기 때문입니다. 특히 2016년 경주에서는 규모 5.8, 2017년 포항에서는 규모 5.4의 지진이 발생하며 큰 피해를 남겼습니다.

지진은 대개 일본, 대만처럼 지진대에 위치한 나라에서 자주 발생합니다. 한반도는 유라시아판 내부에 있어 그동안 지진 안전지대로 여겨졌습니다.

하지만 2011년에 일어난 일본의 동일본 대지진 이후 한반도의 지각이 일본 쪽으로 최대 5센티미터(cm) 가량 이동하는 등 지각 변동이 일어나 과거보다 지진이 자주 발생하고 있습니다. 기상청 통계에 따르면, 우리나라에선 1999년부터 2010년 사이 규모 2.0 이상의 지진이 연평균 42.8회 발생했지만 2011년부터 2023년 사이에는 연평균 99.5회로 2배 이상 늘었습니다.

전문가들은 한반도에서 최대 규모 6.5~7.0의 지진이 발생할 가능성도 있다고 보고 있습니다. 규모 7.0의 지진이 발생하면 건물에 금이 가고, 오래된 건물은 무너질 수도 있습니다.

우리나라도 더 늦기 전에 지진에 대한 연구와 대비가 이루어져야 할 것입니다.

### 핵심 주제 파악하기

❝ 우리나라가 더 이상 지진 안전지대가 아니라는 경고가 나오고 있으므로 지진에 대한 연구와 대비가 이뤄져야 한다. ❞

### 배경 지식 넓히기

**일본은 왜 지진이 자주 발생할까요?**

지구의 표면은 여러 개의 큰 판으로 이뤄져 있어요. 각각의 판은 지구의 맨틀 위에서 느리게 이동하지요. 판이 이동하는 속도와 방향은 모두 달라요. 이 판들이 움직이다가 서로 부딪히면 화산, 지진 등 지각 변동이 발생해요. 이렇게 판과 판이 만나는 경계에 위치한 지역을 '불의 고리'라고 해요. 지진이 자주 발생하는 지역인 지진대와 화산이 자주 발생하는 지역인 화산대가 대부분 '불의 고리'와 겹쳐요. 일본은 바로 이 '불의 고리' 지역에 위치해 있어서 지진이 자주 발생해요.

### 어휘력 높이기

✦ **지진 규모**
지진의 세기를 나타내는 단위. 숫자가 클수록 강한 지진임.

✦ **지각**
지구의 바깥쪽을 차지하는 부분.

✦ **해역**
바다 위의 일정한 구역.

✦ **불안정하다**
안정되지 못한 상태이다.

Day 80. 경제

# 우리나라는 지금 무인점포 전성시대

✦ 키워드 : 무인점포, 확산, 불황

최근 **무인점포** 수가 전국적으로 1만 개를 넘은 것으로 추정될 만큼 빠르게 **확산**되고 있습니다. 무인점포는 점원의 도움 없이 손님이 직접 계산하고 서비스를 이용하는 가게입니다. 점원 대신 키오스크가 결제를 도와주고, CCTV가 가게를 지킵니다. 과거엔 아이스크림 가게나 문구점 정도만 무인으로 운영했지만 이제는 편의점, 카페, 세탁소, 꽃집, 사진관, 스터디 카페까지 다양한 업종의 무인점포가 생겨나고 있습니다.

무인점포가 갑자기 늘어난 데에는 코로나19의 영향이 컸습니다. '사회적 거리 두기'로 인해 사람을 직접 만나는 것을 피하려다 보니 가게 주인들이 점원 없이도 운영할 수 있는 무인 시스템을 도입하기 시작했기 때문입니다. 그런데 코로나19 유행이 끝난 뒤에도 무인점포의 인기는 계속됐습니다. 점원이 없어 인건비를 아낄 수 있고, 창업 비용도 적게 들어서 경제가 좋지 않은 **불황**에도 무인점포가 많아진 것입니다.

무인점포 창업자 중 20~30대 비중이 30퍼센트(%) 정도로, 매우 높은 편입니다. 비교적 적은 비용으로 쉽게 창업할 수 있어 처음 가게를 운영해 보는 사람이나 부수적인 수입을 노리는 젊은 직장인이 무인점포 창업에 뛰어들고 있기 때문입니다.

하지만 점포에 따라 매출 차이가 커서 우후죽순 늘어나는 무인점포에 대한 우려도 커지고 있습니다.

### 핵심 주제 파악하기

**점원이 없는 무인점포가 전국적으로 빠르게 확산되고 있다.**

### 배경 지식 넓히기

**가게를 창업하려면 돈이 많이 들까요?**

가게를 창업하려면 가게가 들어설 부동산을 빌리는 데에 필요한 보증금과 임대료, 인건비가 들어요. 또 가게에 진열해 놓을 물건, 진열대, CCTV 등 각종 물품를 마련하는 데에도 돈이 많이 들지요. 그런데 무인점포는 인건비가 들지 않기 때문에 일반 가게보다 50~70퍼센트 정도 비교적 저렴한 비용으로 창업할 수 있어요.

### 어휘력 높이기

✦ **키오스크**
주문, 결제, 정보 확인 등을 도와주는 무인 단말기.

✦ **불황**
경제 활동이 침체되는 상태. 불경기.

✦ **사회적 거리 두기**
감염병 확산을 막기 위해 사람 간의 접촉을 줄이는 정책.

✦ **확산하다**
흩어져 널리 퍼지다.

# 보는 눈이 없다고?

생각 넓히기

## 어떻게 하면 무인점포에서 벌어지는 범죄를 막을 수 있을까요?

얼마 전, 인천의 한 무인점포에서 과자와 아이스크림을 훔친 초등학생들이 경찰에 붙잡혔어요. 이들은 경찰 조사 과정에서 "범죄인지 몰랐다.", "그저 먹고 싶어서 가져갔다."고 진술했지요.

점원이 없는 무인점포에서 청소년이 저지르는 절도 사건이 자주 발생하고 있어요. 2023년에만 무인점포에서 1만 847건의 절도 사건이 발생했는데, 그중 절반 이상을 청소년이 저지른 것으로 나타났어요. 사람이 없으니 들키지 않을 거라고 생각하거나 장난 삼아 한 번쯤은 괜찮을 거라고 가볍게 여기며 물건을 훔치는 경우가 대부분이에요. 일부 청소년은 절도를 장난으로 인식하고, 심지어 자랑하기까지 하지요.

경찰과 무인점포 점주들은 CCTV 설치, 경고문 부착, 출입문 인증 등 다양한 방범 조치를 마련하고 있지만 절도를 막기에는 역부족이에요.

어떻게 하면 무인점포에서 벌어지는 범죄를 예방할 수 있을까요?

# 점점 우울해지는 어린이들

✦ 키워드 : 소아 우울증, 학업 스트레스, 사교육

**소아 우울증**으로 병원을 찾는 어린이가 매년 빠르게 늘고 있습니다. 소아 우울증은 어린이의 우울한 감정 상태가 오랫동안 지속되는 증상을 말합니다.

국민건강보험공단에 따르면, 2023년 우울증으로 진료를 받은 7~12세 어린이는 5345명입니다. 5년 전인 2018년에 2499명이었던 것과 비교해 2배 이상 늘어난 것입니다. 같은 기간 아동, 청소년, 성인을 통틀어 우울증 치료를 받은 사람이 38.5퍼센트(%) 늘었다는 점을 감안하면 어린이 우울증 환자가 유독 빠르게 늘어나고 있다는 것을 알 수 있습니다.

같은 기간 불안 장애로 진료받은 7~12세 어린이의 수도 2018년 2492명에서 2023년 5895명으로 136.6퍼센트 늘어났습니다.

이처럼 소아 우울증과 불안 장애가 크게 늘어난 가장 큰 이유는 **학업 스트레스**입니다. **사교육**을 시작하는 시기가 갈수록 빨라지면서 아이들이 처음 사교육을 받는 나이가 생후 55개월까지 앞당겨졌습니다. '2024 청소년 통계'에 따르면, 초등학생들은 매주 평균 7.5시간을 학원에 가거나 과외를 받으며 보내고 있습니다. 반면 바깥에서 뛰어놀거나 운동한 시간은 4.6시간밖에 되지 않습니다.

### 핵심 주제 파악하기

> **소아 우울증으로 병원을 찾는 어린이가 매년 빠르게 늘고 있다.**

### 배경 지식 넓히기

#### 소아 우울증인지 어떻게 알 수 있나요?

좀처럼 먹고 싶지 않고, 잠도 잘 오지 않나요? 무언가에 집중하기도 어렵고, 뭘 해도 재미가 없고 의욕도 생기지 않는다고요? 그렇다면 소아 우울증을 의심해 볼 수 있어요. 그런데 소아 우울증은 감정 기복이 심해지는 사춘기와 혼동하기 쉬워서 진단하기 어려워요. 우울증인지 알아보려면 마음을 잘 살펴봐야 해요.

### 어휘력 높이기

✦ **불안 장애**
일상생활이 어려울 정도로 극심한 불안이나 공포를 느끼는 증상.

✦ **학업**
주로 학교에서 지식을 배우기 위해 공부하는 일.

✦ **사교육**
학교 수업을 보충하기 위하여 추가로 받는 공부나 학원 수업.

✦ **지속되다**
어떤 상태가 오래 계속되다.

# Day 83. 그래픽 뉴스

## 우리가 꿈꾸는 하루, 우리가 사는 하루

◆ 키워드 : 놀 권리, 방과 후, 활동

### 📈 아동과 청소년의 방과 후 실제 활동과 희망 활동
(응답자 : 9~17세, 중복 응답), (단위 : %)

출처 : 보건복지부

**◆ 실제 활동 ◆**

| 학원, 과외 54 | 숙제 35.2 | |
| | 친구들과 놀기 18.6 | 컴퓨터 게임 12.8 |
| 스마트폰 사용 44.5 | TV 시청 12.2 | 기타 |

**◆ 희망 활동 ◆**

| 스마트폰 사용 44.9 | 학원, 과외 25.2 | 컴퓨터 게임 22.7 |
| | 운동 19.7 | TV 시청 13.7 |
| 친구들과 놀기 42.9 | 숙제 18.4 | 기타 |

'2023년 아동 종합 실태 조사'에 따르면, 우리나라의 9~17세 아동과 청소년은 **놀 권리**를 충분히 보장받지 못하는 것으로 나타났습니다.

이번 조사에서는 9~17세 아동과 청소년을 대상으로 **방과 후**에 주로 하는 실제 **활동**과 희망 활동을 물었습니다. 전체 응답의 42.9퍼센트(%)가 친구들과 놀기를 원했지만 실제로는 18.6퍼센트만 친구들과 방과 후 시간을 보냈다고 답했습니다. 또한 전체의 43.6퍼센트만 방과 후에 학원이나 과외 같은 사교육을 받거나 숙제를 하고 싶다고 응답했지만 실제로는 89.2퍼센트가 사교육과 숙제에 시간을 할애하고 있었습니다.

또 남는 시간에 취미 생활을 하거나 운동을 하는 것보다 스마트폰을 사용한다는 비율이 압도적으로 높았습니다.

### 그래프 해석하기

**1) 어떤 그래프인가요?**

아동과 청소년이 방과 후에 하는 실제 활동과 희망 활동에 대한 트리맵이에요. 네모 상자의 크기가 크고, 색이 진할수록 응답률이 높다는 것을 의미해요.

**2) 그래프를 보고 무엇을 알 수 있나요?**

아동과 청소년의 실제 활동과 희망 활동이 얼마나 다른지 알 수 있어요.

**3) 기사에서 말하고자 하는 주제는 무엇인가요?**

우리나라의 아동과 청소년은 놀 권리를 충분히 보장받지 못하고 있어요.

### 어휘력 높이기

✦ **실태**
있는 그대로의 상태.

✦ **권리**
어떤 일을 하거나 타인에게 요구할 수 있는 힘이나 자격.

✦ **압도적**
뛰어난 힘이나 재주로 남을 눌러 꼼짝 못 하게 하는.

✦ **할애하다**
소중한 시간, 돈 따위를 아깝게 여기지 않고 선뜻 내주다.

# 테일러 스위프트도 피해자? 골칫덩이가 된 딥페이크

**키워드 : 딥페이크, 성범죄, 규제**

2024년 1월, 세계적인 팝 스타 테일러 스위프트의 얼굴에 음란물을 합성한 **딥페이크** 사진이 퍼져 나가면서 전 세계적으로 파문이 일었습니다. 이 사진은 게시된 지 19시간 만에 삭제됐지만 이미 4700만 조회 수를 기록한 뒤였습니다.

딥페이크는 인공 지능(AI)을 이용해 사진이나 영상을 실제처럼 만드는 것을 말합니다. 우리의 삶을 획기적으로 개선할 기술로 기대를 모았던 **딥페이크가 성범죄에 악용되면서 딥페이크 기술을 규제해야 한다는 목소리가 높아지고 있습니다**. 테일러 스위프트 같은 유명인뿐만 아니라 일반인, 심지어 어린이와 청소년까지 딥페이크 성범죄의 표적이 됐기 때문입니다.

2024년 1월부터 9월까지 우리나라 디지털성범죄피해자지원센터에서 지원을 받은 피해자 수는 1201명으로, 1년 전보다 무려 7배 가까이 늘어났습니다. 딥페이크 사진이나 영상은 주로 SNS를 통해 퍼지기 때문에 일단 공개되면 일일이 찾아내 삭제하기가 쉽지 않습니다. 전 세계로 삽시간에 퍼져 나가므로 처음 영상을 유포한 사람을 찾는 동안 피해자는 이루 말할 수 없을 정도로 큰 고통을 받습니다.

이런 위험성 때문에 우리나라를 비롯한 대부분의 나라는 SNS 기업이 직접 딥페이크 음란물을 실시간으로 감지해 사람들이 검색하거나 공유하지 못하게 막는 것은 물론 피해자가 요청하면 관련 게시물을 즉시 삭제하도록 의무화하는 등 딥페이크 음란물에 대한 책임을 강화하는 법적 규제를 마련하고 있습니다.

## 핵심 주제 파악하기

딥페이크 기술이 성범죄에 악용되면서
이를 규제해야 한다는 목소리가 높아지고 있다.

## 배경 지식 넓히기

### 딥페이크가 뭐예요?

딥페이크는 인공 지능(AI)을 이용해 실제 사람의 얼굴이나 목소리를 다른 사람의 것으로 바꾸거나 실제로 존재하지 않는 사진, 영상, 음성 등을 진짜처럼 정교하게 만들어 내는 기술이에요. 의료, 교육, 예술 등 다양한 분야에서 활용돼요. 역사 속의 인물을 딥페이크로 만들어 교육에 활용할 수도 있고, 영화에서 위험한 장면을 직접 촬영하는 대신 딥페이크로 만들 수도 있어요. 착한 기술, 나쁜 기술은 따로 있는 것이 아니에요. 기술을 활용하는 우리에게 달려 있어요.

## 어휘력 높이기

✦ **파문**
어떠한 일이 다른 데에 미치는 영향.

✦ **획기적**
어떤 과정이나 분야에서 전혀 새로운 시기를 열 만큼 뚜렷이 구분되는.

✦ **표적**
목표로 삼는 물건.

✦ **유포하다**
세상에 널리 퍼뜨리다.

# 장난으로 딥페이크 성범죄를?

## 생각 넓히기

### 딥페이크 성범죄 피해를 막으려면 어떻게 해야 할까요?

최근 딥페이크 성범죄가 심각한 사회 문제로 떠오르고 있어요. 일부 중고등학교에서 딥페이크 기술을 이용해 선생님이나 친구 얼굴을 음란물에 합성한 딥페이크 성범죄가 발생하면서 큰 논란이 됐지요. 초등학교도 딥페이크 성범죄에서 결코 안심할 수 없다는 우려가 커지고 있어요.

2024년에 딥페이크 성범죄 사진이나 영상을 만들어 퍼뜨린 혐의로 경찰의 수사를 받은 사람 10명 중 7~8명은 10대였어요. 문제는 그들 가운데 상당수가 딥페이크 성범죄를 단순한 장난이나 놀이로 인식하고 있는 점이에요. 딥페이크 성범죄는 다른 사람의 명예와 인격을 심각하게 훼손할 뿐만 아니라 법적으로 엄중히 처벌받는 범죄예요. 특히 함께 생활하는 친구나 선생님 등을 대상으로 한 범죄는 서로를 믿을 수 없게 만들어 공동체를 무너뜨리고, 피해자는 심각한 정신적 고통과 사회적 고립을 겪게 돼요.

이런 딥페이크 성범죄 피해를 막으려면 어떻게 해야 할까요?

## 케이팝 앨범에 CD가 없다고?

◆ 키워드 : 플라스틱 CD, 상술, 제로 웨이스트

솔로 가수 이채연은 2023년에 '포카 앨범'을 발매했습니다. 포카 앨범 속에는 **플라스틱 CD** 대신 가수의 사진이 인쇄된 포토 카드와 함께 QR 코드가 있습니다. QR 코드를 스마트폰 카메라로 찍으면 이채연의 신곡이 흘러나옵니다. 이처럼 CD가 없는 앨범을 '스마트 앨범'이라고 합니다.

전 세계에서 인기를 누리고 있는 케이팝 가수들이 플라스틱 쓰레기를 만든다는 비판을 받고 있습니다. CD로 음악을 듣는 사람은 줄었지만 세계적으로 인기를 얻고 있는 케이팝 가수들의 영향으로 매년 엄청난 양의 CD 앨범이 쏟아지고 있기 때문입니다. 국내 음악 차트를 집계하는 써클차트에 따르면, 우리나라의 CD 앨범 판매량은 2022년 8074만 장, 2023년 1억 1908만 장, 2024년 9837만 장이었습니다. 케이팝 팬들이 기획사의 **상술**에 울며 겨자 먹기로 CD 앨범을 구매하고 있습니다. 많은 기획사가 CD 앨범을 구매하는 팬들에게만 팬 사인회에 참여할 수 있는 기회를 줍니다. 또 앨범 속에 가수의 포토 카드를 무작위로 넣어 팬들이 이것을 수집하기 위해 더 많은 CD 앨범을 사도록 부추깁니다.

CD 앨범을 많이 제작하면서 플라스틱 쓰레기도 많아졌습니다. CD 앨범은 땅에 묻어도 썩지 않고 불에 태울 때 유독 가스를 내뿜는 폴리카보네이트라는 플라스틱으로 만듭니다. 게다가 CD 앨범을 포장한 케이스와 비닐도 모두 플라스틱입니다.

문제의식을 느낀 팬들은 시위까지 벌이며 케이팝 기획사에 쓰레기를 줄이고, 재사용을 늘려 환경을 보호하는 **제로 웨이스트**에 동참하라고 요구하고 있습니다.

## 핵심 주제 파악하기

**케이팝 가수들이 플라스틱 쓰레기를 만든다는 비판을 받고 있다.**

## 배경 지식 넓히기

### 케이팝이 비판받는 이유가 뭘까요?

케이팝은 전 세계에서 인기를 얻고 있지만 '제로 웨이스트'라는 친환경 흐름과는 거리가 멀다는 비판을 받고 있어요. 케이팝 기획사인 하이브는 2023년에만 1400톤의 플라스틱 쓰레기를 배출한 것으로 알려졌어요. 최근에는 재생 플라스틱으로 앨범을 제작하거나 스마트 앨범을 내놓는 가수가 많아졌어요. 하지만 과소비를 부추기는 상술이 계속된다면 케이팝 가수들이 플라스틱 쓰레기를 만든다는 비판에서 벗어나기 어려울 거예요.

## 어휘력 높이기

✦ **상술**
장사하는 솜씨나 꾀.

✦ **무작위**
어떤 규칙이나 예측 없이 임의로 선택하거나 발생하는 것.

✦ **문제의식**
문제점을 찾고 적극적으로 대처하려는 생각.

✦ **동참하다**
어떤 모임이나 일에 같이 참가하다.

Day 87. 만평

# 오늘도 '꿀꺽' 미세 플라스틱 한 스푼

**생각 넓히기**

## 미세 플라스틱을 먹지 않으려면 어떻게 해야 할까요?

미세 플라스틱은 크기가 5밀리미터(mm) 미만인 아주 작은 플라스틱 조각이에요. 우리는 알게 모르게 미세 플라스틱을 먹고 있어요. 국제 환경 단체인 세계자연기금(WWF)에 따르면, 성인 1명이 매주 삼키는 미세 플라스틱의 양이 5그램(g)이나 된다고 해요. 신용 카드 1장만큼의 미세 플라스틱을 매주 섭취하고 있는 셈이에요.

우리는 플라스틱을 매년 4억 톤(t) 이상 생산하고, 그중에서 겨우 9퍼센트(%)만 재활용하고 있어요. 2000만 톤 이상의 플라스틱은 고스란히 바다로 흘러들어 가지요.

이렇게 바다로 흘러든 플라스틱 쓰레기는 햇빛, 바람, 파도 등에 의해 쪼개져 미세 플라스틱이 되고, 그것을 크릴새우나 플랑크톤 같은 아주 작은 해양 생물들이 먹어요. 이 해양 생물들이 먹이 사슬을 통해 더 큰 물고기와 조개류에게 먹히고, 그 물고기와 조개류를 사람이 먹지요. 결국 우리가 먹은 물고기와 조개류를 통해 미세 플라스틱이 우리 몸에 들어오게 돼요. 또 우리가 숨을 쉴 때 공기 중에 떠다니던 미세 플라스틱을 들이마시기도 하고, 플라스틱 용기에 담긴 음식을 먹거나 물을 마실 때 미세 플라스틱이 몸속으로 들어와 쌓이기도 해요.

우리가 더 이상 미세 플라스틱을 먹지 않으려면 어떻게 해야 할까요?

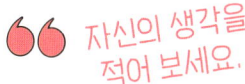

Day 88. 역사

# 마지막 길을 떠난 길원옥 할머니

◆ 키워드 : 수요 시위, 일본군 '위안부' 피해자, 진정한 사과

서울특별시 종로구 일본 대사관 앞에서는 매주 수요일마다 **수요 시위**가 열립니다. 일제 강점기에 일본의 군인이 우리나라 여성들에게 저지른 만행을 세상에 알리고, 일본 정부의 진정한 사과를 촉구하는 시위입니다. 2025년 2월 19일에 열린 1688번째 시위에는 사흘 전에 세상을 떠난 길원옥 할머니를 추모하기 위해 많은 사람이 모였습니다.

길원옥 할머니는 1928년 평양에서 태어났습니다. 13세 때 공장에 취직시켜 준다는 말에 속아 만주의 일본군 위안소로 끌려갔고, 해방 후에야 인천행 배를 타고 고국에 돌아올 수 있었습니다.

그 후 오랫동안 상처를 감추고 지내던 할머니는 1998년에 텔레비전에서 수요 시위 장면을 보고 용기를 내서 정부에 자신이 **일본군 '위안부' 피해자**라는 사실을 알렸습니다.

이후 할머니는 평화 운동가로 살았습니다. 2020년까지 매주 수요 시위에 나섰고, 유엔 인권이사회 등에 참석해 일본군의 만행을 고발했습니다.

길원옥 할머니는 끝내 일본의 **진정한 사과**를 받지 못한 채 숨을 거뒀습니다. 2025년 2월 기준, 정부에 등록된 일본군 '위안부' 피해자 240명 중 생존자는 단 7명뿐이며, 이들의 평균 나이는 95.7세입니다. 시간이 얼마 남지 않은 만큼 일본 정부의 진정한 사과가 절실합니다.

### 핵심 주제 파악하기

일본군 '위안부' 피해자 중 생존자가 얼마 남지 않은 만큼 일본 정부의 진정한 사과가 절실하다.

### 배경 지식 넓히기

#### 일본군 '위안부'가 뭐예요?

일제 강점기에 일본군은 우리나라를 비롯해 중국, 필리핀 등 아시아 여러 나라의 여성들을 강제로 동원해 성 노예로 삼았어요. 이들을 일본군 '위안부'라고 해요. 1991년에 고(故) 김학순 할머니가 최초로 피해 사실을 알리면서 국제 사회에 알려졌어요. 이후 여러 피해자가 용기를 내 증언했고, 일본 정부에 공식적인 사과를 요구했어요. 그러나 일본 정부는 형식적인 사과만 반복할 뿐 책임을 회피하고 있어요.

### 어휘력 높이기

✦ **시위**
많은 사람이 공공연하게 의사를 표시해 집회나 행진으로 위력을 나타냄.

✦ **만행**
인간이 해서는 안 되는 몹시 악랄하고 잔인한 행동.

✦ **해방**
1945년 8월 15일에 우리나라가 일본 제국주의의 강점에서 벗어난 일.

✦ **추모하다**
죽은 사람을 그리워하고 잊지 않다.

Day 89. 만평

# 사과했다는 일본, 사과받은 적 없다는 피해자들

**생각 넓히기**

## 일본 정부는 '일본군' 위안부 피해자에게 어떻게 사과해야 할까요?

일본 정부는 일본군 '위안부' 문제에 대해 여러 차례 사과의 뜻을 전했어요. 하지만 그때마다 법적 책임을 인정하지 않아 진정한 사과가 아니라는 비난을 받았어요. 1993년에 고노 요헤이 일본 관방장관은 공식적으로 일본군이 '위안부'를 모집하고 관리했다고 인정했지만, 그 후에도 일부 일본 정치인은 피해자들을 모독하거나 강제성을 부인하는 발언을 했어요.

2015년에는 한국과 일본 정부가 일본군 '위안부' 문제를 '최종적, 불가역적'으로 해결한다는 내용의 한일 합의를 발표했어요. 일본은 당시 10억 엔 상당의 돈을 주겠다고 했지요. 하지만 이 합의는 피해자들과 아무런 논의 없이 이루어졌으며 이때도 일본은 법적 책임이 아닌 도의적인 책임만 인정했어요. 피해자들에게 주기로 한 돈도 정부가 주는 공식적인 배상금이 아닌 위로금으로 알려져 논란이 일었지요. 이 때문에 일본군 '위안부' 피해자들은 '진정한 사과를 받지 못했다.'고 주장해요.

일본 정부는 일본군 '위안부' 피해자에게 어떻게 사과해야 할까요?

자신의 생각을 적어 보세요.

Day 90. 역사

# 일제 강제 노역의 현장, 세계 유산이 되다

◆ 키워드 : 사도 광산, 세계 유산, 강제 징용

2024년 7월 27일, 일제 강점기 조선인 강제 징용의 현장인 일본 **사도 광산**이 유네스코(UNESCO) **세계 유산**에 등재됐습니다. 우리에겐 비극의 역사 현장이 전 세계가 기억하고 보존해야 할 문화유산으로 인정받은 것입니다.

사도 광산은 한때 일본 최대의 금 생산지였습니다. 1930년대 말, 아시아·태평양 일대에서 전쟁을 벌이던 일본은 노동력이 부족해지자 식민지였던 조선의 노동자를 강제로 끌고 와 이곳에서 일을 시켰습니다. 당시 최소 1519명의 조선인 노동자가 사도 광산으로 **강제 징용**됐습니다. 이들은 먼지가 가득한 갱에서 제대로 먹지도, 쉬지도 못하며 고된 노동을 했습니다. 도망치려다 잡혀 매를 맞거나 작업 중에 목숨을 잃는 일도 비일비재했습니다.

1989년에 문을 닫은 사도 광산은 이런 추악한 역사를 감춘 채 과거 일본의 기술력을 뽐내는 관광지로 운영됐습니다. 일본은 사도 광산을 세계 유산으로 인정받기 위해 조선인을 강제 징용했던 일제 강점기의 역사를 빼고, 이보다 앞선 에도 시대(1603~1867년)의 역사만 내세우려고 했습니다. 심사를 받는 과정에서 논란을 막으려고 꼼수를 부린 것입니다.

이런 일본 정부의 꼼수에 우리나라가 즉각 반발했습니다. 그러자 일본은 조선인 강제 징용의 역사에 대해 적극적으로 알리고, 당시 희생자를 추도하는 공식 행사도 열겠다고 약속했습니다. 결국 우리 정부는 사도 광산의 세계 유산 등재에 동의했습니다. 그러나 지금까지 일본의 약속은 제대로 지켜지지 않고 있습니다.

**핵심 주제 파악하기**

**2024년, 일제 강점기 조선인 강제 징용의 현장인 일본 사도 광산이 유네스코 세계 유산에 등재됐다.**

**배경 지식 넓히기**

### 일본은 왜 강제 징용을 했나요?

일제 강점기 때 일본은 전쟁에 필요한 노동력을 확보하기 위해 수많은 조선인을 강제로 동원했어요. 이것을 '강제 징용'이라고 해요. 당시 400만 명 이상의 조선인이 징용된 것으로 알려져 있어요. 징용된 조선인들은 사도 광산을 비롯한 광산, 무기를 만드는 공장, 군사 시설을 만드는 공사 현장으로 끌려가 강제 노동에 시달려야 했지요.

**어휘력 높이기**

✦ **세계 유산**
여러 나라의 문화를 알리고 교류하도록 돕는 국제기구인 유네스코가 기억하고 보존할 가치가 있다고 인정한 유산.

✦ **비극**
인생의 슬프고 애달픈 일을 당해 불행한 경우.

✦ **갱**
광물을 파내기 위해 땅속을 파고 들어간 굴.

✦ **비일비재하다**
같은 현상이 한두 번이 아니고 많다.

Day 91. 만평

# 음료수만 마셔도 코로나19를 예방할 수 있다고?

## 생각 넓히기

### 허위·과장 광고에 속지 않으려면 어떻게 해야 할까요?

2021년, 남양유업은 자기 회사에서 만든 요구르트 제품인 '불가리스'가 코로나19 예방에 효과가 있다는 연구 자료를 발표했어요. 전 세계 사람들이 코로나19 팬데믹으로 불안에 떨고 있을 때 남양유업이 불가리스를 마시기만 해도 코로나19 바이러스가 77.7퍼센트(%)나 줄어드는 것처럼 연구 결과를 홍보했어요. 이 소식에 사람들은 불가리스 사재기에 나서고, 남양 주식의 가격은 크게 올랐어요. 하지만 식품의약품안전처 조사 결과, 남양유업은 동물 실험이나 임상 시험 등 충분한 검증 절차 없이 코로나19 예방에 효과가 있는 것처럼 허위·과장 광고를 한 것으로 밝혀졌어요.

허위·과장 광고는 사실과 다른 정보를 제공하거나 사실을 과장하는 광고를 말해요. 보통 화장품, 미용 기기, 식품 등을 광고할 때 검증되지 않은 질병 예방 효과나 치료 효능을 표시하는 경우가 많아요. 이런 광고는 모두 법 위반으로, 광고주가 처벌 받을 수 있어요.

허위·과장 광고에 속지 않으려면 어떻게 해야 할까요?

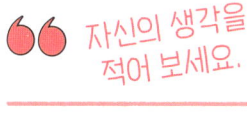

# 교과서에 실린 우리 할매 시

✦ 키워드 : 시, 한글, 교과서

우리 손녀 다 중3이다.
할매 건강하게 약 잘 챙겨 드세요.
맨날 내한테 신경 쓴다.
노다지 따라댕기면서 신경 쓴다.
이쁘고 귀하다.

사랑하는 손녀의 예쁜 마음을 노래한 이 시는 경상북도 칠곡군에 사는 박월선 할머니의 '이쁘고 귀하다'라는 제목의 시입니다.

여든이 넘은 나이에 한글을 처음 배운 박월선 할머니가 쓴 이 시는 중학교 1학년 국어 교과서에 수록됐습니다. 이 시와 함께 고(故) 강금연 할머니('처음 손 잡던 날'), 고 김두선 할머니('도래꽃 마당'), 이원순 할머니('어무이') 등 칠곡 할머니들이 쓴 시 4편이 국어 교과서에 실렸습니다.

칠곡 할머니들은 일제 강점기에 태어나 6·25 전쟁과 가난을 겪으며 배움의 기회를 얻지 못했습니다. 여자라는 이유로 글도 배우지 못한 채 힘든 삶을 살았지만 배우려는 의지는 포기하지 않았습니다. 나이가 들어서야 마침내 칠곡군이 운영하는 늘배움학교에서 한글을 배울 수 있었습니다. 할머니들은 서툰 글씨로 자신의 삶을 한 글자씩 써 내려가며 시를 지었고, 나이에 상관없이 누구나 끊임없이 발전할 수 있다는 사실을 몸소 보여 주었습니다.

### 핵심 주제 파악하기

**칠곡 할머니들이 쓴 시 4편이
중학교 1학년 국어 교과서에 실렸다.**

### 배경 지식 넓히기

#### 시는 어떻게 써요?

시는 생각이나 느낌을 노래처럼 운율에 맞춰 쓴 짧은 글로, 행과 연으로 이뤄져 있어요. 시의 한 줄을 '행'이라고 하고, 행이 모여 만들어진 하나의 문단을 '연'이라고 부르지요. 시를 쓸 때는 의성어, 의태어처럼 흉내 내는 말을 쓰거나 같은 말을 반복하며 리듬감을 살리기도 해요. 또 맞춤법과 같은 한글의 규칙을 꼭 지키지 않아도 괜찮아요.

### 어휘력 높이기

✦ **노다지**
'언제나'라는 의미의 경상도 지역 사투리.

✦ **여든**
열의 여덟 배가 되는 수.

✦ **몸소**
직접 제 몸으로.

✦ **수록되다**
책이나 잡지에 실리다.

Day 93. 환경

# 설악산 산양이 싫어하는 케이블카

◆ 키워드 : 국립 공원, 케이블카, 서식지

산양은 몸길이 100센티미터(cm), 몸무게 30킬로그램(kg) 안팎의 비교적 작은 야생 동물입니다. 주로 해발 고도 500미터(m) 이상의 높은 곳에서 풀이나 도토리를 먹고 삽니다. 우리나라에 사는 산양은 1300마리 정도로, 개체 수가 무척 적어 멸종 위기 야생 생물 1급으로 정해 보호하고 있습니다. 그런데 2026년, 산양이 많이 사는 설악산 **국립 공원**에 **케이블카**가 설치될 예정입니다. 이 케이블카가 설치되면서 산양의 **서식지**가 파괴될 위험에 처했습니다.

강원도 양양군은 장애인, 노인, 어린이가 더 편리하게 설악산에 오를 수 있다며 양양 오색 지구에서 해발 고도 1430킬로미터(km)의 설악산 끝청(봉우리)까지 약 3.3킬로미터에 이르는 거리를 연결하는 오색 케이블카를 설치하려고 합니다.

하지만 케이블카를 설치하기 위해 산에 거대한 첨탑을 세우는 과정에서 소음과 진동이 발생하고 산림이 훼손돼 산양을 비롯해 설악산에 사는 많은 동식물이 서식지를 빼앗길 것으로 보입니다. 과거 경상북도 울진에서는 산양의 서식지를 가로질러 도로가 생기는 바람에 살 곳을 잃은 산양이 길을 헤매다 차에 치여 죽는 사고가 여러 차례 일어났습니다.

이런 이유로 미국, 일본 등 다른 나라에서는 희귀종을 보호하기 위해 국립 공원에 케이블카 설치를 엄격히 제한하거나 금지하고 있습니다. 국립 공원은 자연과 문화적 가치를 지키기 위한 장소이기 때문입니다.

**핵심 주제** 파악하기

> 설악산 국립 공원에 설치될 케이블카로 인해서 산양의 서식지가 파괴될 위기에 처했다.

**배경 지식** 넓히기

### 국립 공원은 왜 필요한가요?

국립 공원은 도시화와 산업화로 훼손되고 있는 자연 생태계를 보호하는 곳이에요. 우리나라 국립 공원 안에는 국내 생물종의 40.9퍼센트(%)에 해당하는 2만 3774종의 생물이 살고 있어요. 특히 멸종 위기종의 68퍼센트인 191종이 국립 공원에 살아요. 국립 공원은 단순히 자연을 보호하는 공간만은 아니에요. 국민들의 휴식처이기도 해요. 현재 우리나라에는 23곳의 국립 공원이 있어요.

**어휘력** 높이기

✦ **해발 고도**
바다의 표면을 기준으로 잰 높이.

✦ **첨탑**
꼭대기가 뾰족한 탑.

✦ **희귀종**
드물어서 매우 귀한 물건이나 품종.

✦ **훼손되다**
헐거나 깨뜨려 못 쓰게 되다.

# 바다 밑 희토류 찾으러 탐해 3호가 나섰다

**◆ 키워드 : 희토류, 무기, 갈등**

2025년 7월, 우리나라가 만든 6000톤(t)급 탐사선 '탐해 3호'가 바닷속 깊이 묻힌 **희토류**를 찾기 위해 서태평양으로 항해를 떠났습니다.

희토류는 스마트폰, 전기차 배터리처럼 첨단 제품을 만들 때 꼭 필요한 광물입니다. 스마트폰, 전기차 배터리는 우리나라 기업들이 세계 시장에서 주름잡고 있는 분야입니다. 이 분야의 경쟁력을 잃지 않으려면 충분한 양의 희토류를 확보하는 것이 무엇보다 중요합니다.

그러나 우리나라 영토에 매장된 희토류는 거의 없습니다. 그래서 우리 기업들은 제품 생산에 필요한 희토류를 대부분 중국에서 수입하고 있는 실정입니다. 중국은 세계에서 가장 많은 희토류를 생산하는 나라로, 전 세계 희토류 생산량의 약 70퍼센트(%)를 차지하고 있습니다.

중국은 다른 나라와 외교 문제가 발생할 때마다 희토류를 **무기**처럼 사용합니다. 분쟁이나 갈등을 겪는 나라에 희토류 수출을 중단해 버립니다. 그러면 그 나라는 첨단 제품을 생산하는 데 차질이 생길 수밖에 없습니다. 외교적 **갈등**이 생겨도 희토류 때문에 중국에 끝까지 맞설 수 없게 되는 겁니다.

우리나라가 먼 바다까지 탐해 3호를 보낸 것도 이러한 상황에 대응하기 위한 것입니다. 우리가 직접 희토류를 찾아 생산할 수 있다면 중국에서 수입하는 희토류 양을 줄일 수 있습니다. 그러면 중국이 공급량을 줄여 희토류 가격이 올라가더라도 첨단 제품을 생산하는 우리 기업들의 부담이 줄어들 것입니다.

### 핵심 주제 파악하기

> 우리나라가 만든 6000톤급 탐사선 '탐해 3호'가 희토류를 찾기 위해 서태평양으로 항해를 떠났다.

### 배경 지식 넓히기

**희토류가 뭐예요?**

희토류는 지구에 널리 퍼져 있지만 채굴하기 어려운 17가지 금속 원소를 말해요. 희토류는 스마트폰, 전기차, 반도체 등 첨단 제품을 만드는 데 꼭 필요한 광물이지요. 하지만 기술적으로 채굴하기 어렵고 생산 과정에서 비용이 많이 들어요. 게다가 땅을 파헤칠 때 심각한 환경 오염도 생겨요. 그래서 중국을 제외한 대부분의 나라는 희토류를 직접 생산하지 않고, 중국에서 수입하고 있어요.

### 어휘력 높이기

✦ **항해**
배를 타고 바다나 강을 따라 목적지를 향해 나아감.

✦ **매장**
지하자원 따위가 땅속에 묻혀 있음.

✦ **차질**
하던 일이 계획이나 의도에서 벗어나 틀어지는 일.

✦ **주름잡다**
모든 일을 자기가 하고 싶은 대로 처리하거나 힘을 행사하다.

Day 95. 문화

# 국민 스포츠 프로 야구, 3시간의 벽을 깼다

◆ 키워드 : 프로 야구, 단축, 몰입도

최고의 인기를 누리고 있는 국민 스포츠 **프로 야구**가 2025년 상반기 평균 경기 시간을 2시간 59분(연장전 제외)으로 **단축**하며 3시간의 벽을 깼습니다. 지난 20년간 평균 경기 시간(3시간 11분)보다 12분 줄어든 것입니다. 평균 경기 시간이 3시간을 넘기지 않은 것은 1998년 이후 처음 있는 일입니다.

프로 야구는 오래전부터 경기를 빠르게 진행하고, 관중들의 **몰입도**를 높이려고 골몰했습니다. 우리나라 프로 야구가 시작된 1982년 이후로 대부분의 경기 시간은 3시간을 넘었습니다. 관객들이 영화에 집중하며 관람할 수 있는 시간이 보통 2시간이라는 점을 감안하면 이보다 1시간 이상 길었던 것입니다.

한국야구위원회는 2025년 시즌 프로 야구 정규 리그 개막 당시 '피치 클락 제도'를 도입하며 3시간의 벽을 깨뜨리겠다는 포부를 밝혔습니다. 피치 클락 제도는 공을 던지는 투수와 공을 치는 타자의 준비 시간을 제한하는 것입니다. 투수는 주자가 없을 때 20초, 주자가 있을 때는 25초 안에 공을 던져야 합니다. 또 타자는 33초 안에 타석에 들어서야 합니다. 규정을 어길 경우에는 투수에게 볼 1개, 타자에게 스트라이크 1개가 부과됩니다.

프로 야구는 나아가 연장전도 줄였습니다. 11회까지 승부를 가리지 못하면 추가로 연장전을 진행하지 않고 무승부로 경기가 끝납니다.

이러한 노력 덕분에 2025년 상반기 프로 야구 경기의 평균 시간은 크게 줄어들었습니다.

### 핵심 주제 파악하기

**프로 야구가 2025년 상반기 평균 경기 시간을 3시간 안으로 단축했다.**

### 배경 지식 넓히기

**우리나라 프로 야구는 언제 시작됐어요?**

우리나라 프로 야구는 1982년에 처음 시작됐어요. 당시 대통령이었던 전두환은 군사 쿠데타로 집권한 후 비판이 이어지자 국민의 관심을 스포츠로 돌리기 위해 프로 야구를 출범시켰어요. 프로 야구는 곧바로 큰 인기를 얻었지요. 지역별로 구단이 정해져 있어 자신과 관계 있는 지역의 야구단을 응원하는 문화도 생겼어요. 텔레비전으로 경기를 중계한 덕분에 누구나 야구를 즐길 수 있게 됐어요. 프로 야구는 단숨에 국민 스포츠의 반열에 올랐지요.

### 어휘력 높이기

✦ **단축**
시간이나 거리 따위가 짧게 줄어듦.

✦ **연장전**
정한 횟수나 시간 안에 승부가 나지 않을 때 횟수나 시간을 늘려서 계속하는 경기.

✦ **무승부**
내기나 경기 따위에서 비김.

✦ **골몰하다**
다른 생각을 할 여유도 없이 한 가지 일에 파묻히다.

# 전기 먹는 하마 챗GPT

**✦ 키워드** : 인공 지능(AI), 전기, 데이터 센터

사람들이 많이 사용하는 챗GPT 같은 생성형 **인공 지능(AI)** 서비스가 '**전기** 먹는 하마'라는 오명을 얻었습니다.

우리가 챗GPT에 질문을 할 때마다 사용되는 전기 에너지는 네이버, 구글 같은 일반 검색 서비스를 사용할 때보다 대략 10배나 많습니다. 이처럼 인공 지능 서비스의 전력 사용량이 막대한 이유는 인공 지능이 일을 하는 데 훨씬 더 많은 데이터 센터가 필요하기 때문입니다.

**데이터 센터**는 수많은 컴퓨터로 데이터를 관리하고 저장하는 일종의 '정보 처리 공장'입니다. 우리가 사용하는 모든 인터넷 서비스와 스마트폰 애플리케이션이 운영되려면 데이터 센터가 필요합니다. 그런데 인공 지능은 일반적인 인터넷 서비스보다 훨씬 더 많은 정보를 처리합니다. 인공 지능을 사용하는 사람이 많아질수록 더 많은 컴퓨터가 필요하고, 데이터 센터도 더 많이 지어야 합니다. 세계 곳곳에서 운영되는 데이터 센터의 전기 사용량도 그만큼 많아집니다.

문제는 데이터 센터에서 전기를 쓰는 속도가 점점 더 빨라져서 전기를 생산하는 속도를 넘어설 수 있다는 점입니다. 이렇게 되면 우리가 일상생활에서 사용할 전기마저 부족해질 수 있습니다. 국제에너지기구(IEA)는 전 세계 데이터 센터가 사용하는 전력량이 2022년 460테라와트시(TWh)에서 2026년에는 1050테라와트시로 2배 이상 늘어날 것이라고 경고했습니다.

**핵심 주제 파악하기**

**챗GPT 같은 인공 지능 서비스가 '전기 먹는 하마'라는 오명을 얻었다.**

**배경 지식 넓히기**

### 전기는 어떻게 만들어요?

전기를 만들려면 힘을 이용해 발전기를 돌려야 해요. 수력 발전은 물의 힘을, 풍력 발전은 바람의 힘을, 화력 발전은 화석 연료를 태워 발생하는 열의 힘을, 원자력 발전은 핵분열 반응에서 나오는 에너지를 이용해 전기를 만들어요. 태양광 발전은 발전기를 돌리는 대신 햇빛이 태양 전지에 닿으면 빛 에너지가 바로 전기로 바뀌어요.

**어휘력 높이기**

✦ **대략**
대충 어림잡아서.

✦ **전력량**
전기가 쓰이거나 만들어진 양.

✦ **테라와트시**
열, 에너지, 전기 등의 양을 나타내는 단위.

✦ **오명을 얻다**
이름이나 명예를 더럽히다.

### 생각 넓히기

**필요한 시설이지만 자신이 사는 곳에 짓는 건 반대하는 행동을 어떻게 생각하나요?**

인공 지능은 이제 우리의 삶에서 떼려야 뗄 수 없어요. 정보 검색부터 콘텐츠 제작까지 원하는 모든 것을 인공 지능이 단숨에 해결해 주니까요. 이런 편리함을 누리려면 꼭 필요한 것이 있어요. 바로 우리가 컴퓨터, 스마트폰 등으로 입력한 데이터를 처리하고, 저장하고, 우리가 원하는 답을 내주는 일을 하는 컴퓨터가 모여 있는 데이터 센터예요.

그런데 요즘 데이터 센터가 미운 오리 새끼 취급을 받고 있어요. 수많은 컴퓨터가 설치돼 있는 데이터 센터가 전자파를 대량으로 뿜어낸다는 괴담 탓에 '님비(NIMBY)'의 대상이 된 거예요. 님비란 'Not In My Back Yard(우리 마당엔 안 돼.)'의 줄임말로, 쓰레기 처리 시설 같은 혐오 시설이 자신이 사는 곳에 들어서는 것을 반대하는 행동을 말해요. 데이터 센터에서 발생하는 전자파는 국제 기준의 1.5퍼센트(%)로, 일상적으로 사용하는 전자 기기에서 나오는 전자파와 다를 바 없어요. 그런데도 사람들은 막연한 두려움에 데이터 센터 설립을 반대하고 있어요. 지난 3년 동안 데이터 센터를 짓기로 했다가 주민의 반대에 부딪혀 중단되거나 취소된 사례가 20건 가까이나 돼요.

사회에 꼭 필요한 시설이지만 자신이 사는 곳에 짓는 건 반대하는 행동을 어떻게 생각하나요?

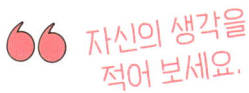

Day 98. 경제

# 제발 옷을 사지 말라는 의류 회사가 있다고?

◆ 키워드 : 환경 보호, 윤리 경영, 가치 소비

2011년, 미국 최대 연말 쇼핑 시즌 블랙 프라이데이에 한 의류 회사가 '우리 옷을 사지 마세요.'라는 신문 광고를 냈습니다. 바로 미국의 아웃도어 브랜드인 파타고니아입니다. 파타고니아는 환경 보호의 중요성을 널리 알리기 위해 이 광고를 만들었습니다.

**환경 보호**를 최우선 과제로 삼으며 **윤리 경영**을 실천하기로 유명한 파타고니아는 매년 번 돈의 1퍼센트(%)를 환경 보호 단체에 기부하고, 유기농·친환경 재료만 사용하되 최대한 튼튼하고 유행을 타지 않게 옷을 만들어 소비자가 오래 입도록 합니다. 심지어 수선이 필요한 옷을 가져오면 브랜드를 가리지 않고 공짜로 수선해 주기까지 합니다.

영리 기업인 파타고니아가 이처럼 철저하게 윤리 경영을 실천하는 것은 창업자인 이본 쉬나드 회장의 확고한 경영 철학 때문입니다. 1세대 암벽 등반가였던 쉬나드 회장은 사랑하는 자연을 지키고 오래 즐길 방법을 고민하던 중 파타고니아를 설립했습니다. 그때 '지구를 되살리기 위해서 사업을 한다.'는 비전을 세웠습니다.

2009년에 한국에 진출한 파타고니아는 한국에서도 매출의 1퍼센트를 환경 보호 단체에 기부하는 캠페인을 벌이며 낙동강, 금강, 지리산 관련 환경 문제나 반달곰, 수달 같은 동물 보호에 함께하고 있습니다.

파타고니아의 이러한 남다른 경영 방식은 **가치 소비**를 실천하기 위해 노력하는 전 세계 소비자의 마음을 움직였습니다. 우리나라뿐만 아니라 많은 소비자가 파타고니아의 경영 철학을 지지하며 '덜 사고 오래 입기'를 실천하고 있습니다.

## 핵심 주제 파악하기

> 환경을 생각하는 파타고니아의 경영 방식은 가치 소비를 실천하기 위해 노력하는 소비자의 마음을 움직이고 있다.

## 배경 지식 넓히기

### 가치 소비가 뭐예요?

요즘은 많은 소비자가 제품의 가격이나 품질뿐만 아니라 제품이 지닌 가치를 따져 물건을 사는 가치 소비를 실천하고 있어요. 재활용 소재로 만든 티셔츠를 사면서 스스로 환경 보호를 실천하는 사람이라고 여기고 자부심을 느끼지요. 반대로 환경을 해치거나 노동자에게 부당한 처우를 하는 회사의 제품을 사지 않는 '불매 운동'을 통해 불만을 표출하기도 해요. 점점 더 많은 기업이 소비자에게 선택받기 위해 윤리 경영을 실천하고 있어요.

## 어휘력 높이기

**✦ 최우선**
가장 앞서서 문제로 삼거나 다툼.

**✦ 윤리 경영**
사회에 긍정적인 영향을 미치도록 노력하는 기업 활동.

**✦ 경영 철학**
기업을 운영할 때 우선시하는 가치나 원칙.

**✦ 기부하다**
자선 사업이나 공공사업을 돕기 위해 돈이나 물건을 대가 없이 내놓다.

# 매년 늘어나는 옷 쓰레기

## 생각 넓히기

### 매년 늘어나는 옷 쓰레기를 줄일 방법은 없을까요?

우리가 헌 옷 수거함에 버린 옷은 어디로 갈까요? 헌 옷 수거함에 100벌의 옷이 있다면 국내에서 재활용되는 옷은 5벌에 불과해요. 남은 95벌 중 15벌은 불태워지고 나머지 80벌은 아프리카, 동남아시아 등으로 수출돼요. 그중 48벌은 현지에서 다시 팔리거나 재사용되지만 나머지 32벌은 결국 땅속에 묻혀 땅과 바다를 오염시켜요.

우리나라는 경제 규모 10위권의 나라지만 헌 옷 수출량은 5위에 달해요. 우리나라 사람들이 경제력에 비해 옷을 많이 사고 버린다는 의미예요. 실제로 환경부의 통계에 따르면, 2019년에 약 5만 9000톤(t)이었던 의류 폐기물은 코로나19 이후 10~11만 톤으로 늘어났어요. 대부분의 의류 폐기물은 나일론, 폴리에스테르 등의 합성 섬유로 이뤄져 있어 썩는 데 수백 년이 걸리고 태우는 과정에서도 유해 물질이 뿜어져 나와요.

매년 늘어나는 옷 쓰레기를 줄일 방법은 없을까요?

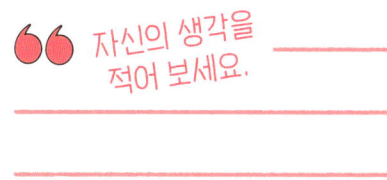

# 알파 세대에 이어 베타 세대가 등장했다

◆ 키워드 : 베타 세대, 알파 세대

2010년에서 2024년 사이에 태어난 **알파 세대**를 잇는 새로운 세대인 '**베타 세대**'가 2025년부터 태어나기 시작했습니다. 앞으로 2039년까지 태어나는 사람들은 베타 세대로 불립니다.

세대는 비슷한 시기에 태어나 문화적, 사회적, 역사적 경험을 공유하는 집단을 말합니다. 베타 세대라는 명칭을 만든 것은 오스트레일리아의 인구학자이자 **알파 세대**라는 명칭을 만든 마크 맥크린들입니다.

맥크린들의 설명에 따르면, 베타 세대는 인공 지능(AI)이 생활의 모든 분야에서 완전히 자리 잡은 세상을 살아가는 첫 세대입니다. 스마트폰과 SNS가 급속도로 확산되던 시기에 태어난 알파 세대보다 훨씬 더 첨단의 세상을 사는 것입니다. 이들은 공부하거나 친구들과 교류할 때도 늘 인공 지능과 함께합니다. 쇼핑하고 병원 치료를 받을 때도 인공 지능이 알아서 최적의 의사 결정을 내려 줍니다. 이들은 그야말로 인공 지능이 일상에 속속들이 개입하는 세상에서 살아가게 될 것입니다.

### 핵심 주제 파악하기

> 알파 세대를 잇는 새로운 세대인
> 베타 세대가 2025년부터 태어나기 시작했다.

### 배경 지식 넓히기

#### 어떻게 세대를 구분하나요?

보통 20~30년 주기로 세대를 구분해요. 그중 현재의 노년층인 베이비 붐 세대(1946~1964년생)는 전쟁 이후 출산율이 급등한 시기에 태어난 사람들로, 경제 성장의 혜택을 가장 많이 누렸어요. 그 밖에 기술이 빠르게 발전한 시기에 태어난 X 세대(1965~1979년생), 디지털 환경에 익숙한 MZ 세대(1980~2010년생), 태어날 때부터 디지털 환경에서 살아가는 알파 세대(2010~2024년생)등이 있어요.

### 어휘력 높이기

✦ **인구학자**
인구에 대해 통계적으로 분석하고 연구하는 학자.

✦ **급속도**
매우 빠른 속도.

✦ **최적**
가장 적당하거나 적합함.

✦ **공유하다**
정보, 의견, 감정 등을 나누다.

◆ 외래어 표기는 국립국어원 표기에 따랐습니다.
◆ 단위 표시는 각 기사별 처음 나올 때만 괄호에 병행 표기했습니다.
◆ 다양한 신문 기사와 자료를 참고하여 기사를 재구성하였습니다.

## 100일 신문 100점 독해

**글** 뉴스쿨 | **그림** 불키드

**펴낸날** 2025년 9월 30일 초판 1쇄, 2025년 12월 20일 초판 3쇄
**펴낸이** 신광수 | **출판사업본부장** 강윤구 | **출판개발실장** 위귀영
**아동인문파트** 김희선, 박인의, 설예지, 이현지 | **출판디자인팀** 최진아 | **디자인 진행** 민트플라츠 송지연, 임정숙
**출판기획팀** 정승재, 김마이, 박재영, 이아람, 전지현
**출판사업팀** 이용복, 민현기, 우광일, 김선영, 이강원, 허성배, 정유, 정슬기, 정재욱, 박세화, 김종민, 정영묵
**출판지원파트** 이형배, 이주연, 이우성, 전효정, 장현우
**펴낸곳** (주)미래엔 | **등록** 1950년 11월 1일 제16-67호 | **주소** 서울특별시 서초구 신반포로 321
**전화** 미래엔 고객센터 1800-8890 팩스 541-8249 | **홈페이지 주소** www.mirae-n.com
**ISBN** 979-11-7548-171-8 (74700)
　　　 979-11-7548-170-1 (세트)

ⓒ 뉴스쿨, 불키드 2025

책값은 뒤표지에 있습니다.
파본은 구입처에서 교환해 드리며, 관련 법령에 따라 환불해 드립니다. 다만, 제품 훼손 시 환불이 불가능합니다.

KC마크는 이 제품이 공통안전기준에 적합하였음을 의미합니다.
사용연령: 8세 이상